VERIFICAÇÃO PRELIMINAR DE INFORMAÇÃO (VPI) - INQUÉRITO POLICIAL – MÉDICINA LEGAL APLICADA NA PRÁTICA

ROGÉRIO SILVA MAIA

Advogado Criminalista, Graduado pela Faculdade de Direito da Universidade do Estado do Rio de Janeiro, Professor de Direito Penal, membro fundador do Instituto Brasileiro de Prevenção aos Entorpecentes.

Dedico essa obra a Deus que até aqui me sustentou.

Prefácio

O Autor espera ter contribuído com essa obra como ferramenta útil aos operadores do direito, em especial aos que militam na área criminal e não possuem conhecimento Médico-Legal para aplicar na fase pré-processual. Buscou-se uma panorâmica em diversos aspectos sobre perícia na fase investigatória. Procurou-se trazer o dispositivo legal relativo a cada assunto para melhor dinâmica do estudo e propiciar a sua aplicabilidade aos casos concretos.

Nota do Autor

Essa obra se destina a todos os profissionais do Direito, em especial àqueles que operam na área Criminal.

A Medicina Legal quase sempre é vista erroneamente como coadjuvante do Direito Penal e Processual Penal, porém, ela está muito presente em razão dos questionamentos que surgem para elucidações de crimes. A falta de conhecimento técnico daqueles que operam o Direito prejudica consideravelmente a defesa técnica das partes num processo criminal.

Desde os bancos nas Faculdades de Ciências Jurídicas, a cadeira de Medicina-Legal muitas vezes fica em segundo plano no estudo jurídico, sendo tratada como matéria eletiva, quando consta na grade.

Ao se aprofundar na matéria, o leitor irá constatar a imensa importância da Medicina Legal para solucionar diversas questões na área criminal, transitando desde a V.P.I., passando pelo Inquérito Policial, até a Ação Penal.

É sobre essa ótica que o autor oferece a presente obra como ferramenta aos diversos operadores do Direito, dando condições de argumentar em Perícias Técnicas, Quesitos, análises de Laudos Periciais, Requerimentos, Diligências e demais peças processuais.

A Medicina-Legal aplicada ao Processo Penal proporciona uma visão interpretativa do conjunto probatório construído nos autos desde a Investigação Criminal até o recebimento do Inquérito Policial em Juízo.

A prática em atuação na área criminal nos permite afirmar que o momento mais importante no processo penal é a fase inquisitorial, pois muitas provas podem deixar de serem observadas, prejudicadas ou mesmo perdidas em razão do desconhecimento de elementos médico-legais importantes para a solução da fase de investigação que irá compor a base para uma Denúncia do Ministério Público.

Em suma, o diferencial dessa obra está no acoplamento dessas duas ciências, em prol de um resultado jurídico que busca a verdade real.

Sumário

1.VERIFICAÇÃO PRELIMINAR DE INFORMAÇÃO (VPI)

É muito comum que notícias de crimes cheguem à autoridade policial, com informações vagas ou mesmo indeterminadas sobre alguns dados essenciais à persecução criminal, o que vem fragilizar a certeza quanto a existência do fato delituoso. Ao perceber essa condição, a autoridade policial deverá proceder a um levantamento preliminar, para checar a veracidade das informações.

A base legal para a averiguação de informações se encontra no parágrafo 3º do artigo 5º do Código de Processo Penal, *in verbis*

> "Qualquer pessoa do povo que tiver conhecimento da existência de infração penal em que caiba ação pública poderá, verbalmente ou por escrito, comunicá-la à autoridade policial, e esta, verificada a procedência das informações, mandará instaurar inquérito".

A verificação de procedência poderá ser informal, quando for direta, pessoal, sem a necessidade de documentação das diligências, ou formal se ocorrer a abertura de procedimento material instruído por atos documentados.

Assim, esse procedimento denominado Verificação Preliminar de Informação (VPI), tem por escopo a verificação da procedência da informação, seja através da Notícia Crime ou qualquer outro elemento imprescindível à instauração do inquérito policial.

Esse procedimento apesar de estar respaldado pelo parágrafo 3º do art. 5º do CPP, conforme já mencionado, alguns Estados da Federação instituem Atos Normativos para as Polícias Civis, assim como, a Polícia Federal que através da Instrução Normativa 01/1992, regulamentou a VPI, porém, denominando-a como Investigação Preliminar IPP.

A VPI possui algumas características como simplicidade, celeridade e informalidade dos seus atos, diferente do conteúdo formal inerente ao inquérito policial. O investigador de polícia filtra as informações chegadas, faz o levantamento sobre a veracidade dos fatos e ao final, elabora e apresenta um Relatório conclusivo, opinando sobre o apurado, e remetendo à autoridade policial competente. Importante salientar que essa prerrogativa não é exclusiva do investigador, a própria autoridade policial pode diligenciar pessoalmente.

Se deferida, as peças da VPI farão parte integrante dos autos do inquérito policial ou Termo Circunstanciado, caso seja concluída com elementos suficientes para instauração do inquérito, ou seja, havendo justa causa, presentes a tipicidade, condições de procedibilidade, e se não houver causa extintiva de punibilidade, coisa julgada, suspeição, incompetência ou qualquer outro elemento que pugne pelo indeferimento.

Poderá ser arquivada a VPI pela própria autoridade policial, após a sua apreciação, através de despacho fundamentado, constatada a inexistência do fato delituoso apontado.

Da decisão de arquivamento da VPI, cabe recurso ao Chefe de Polícia, assim entendido como o Delegado-Geral de Polícia ou o Secretário de Segurança Pública, conforme art. 5º, § 2º, CPP. *In verbis*: "Do despacho que indeferir o requerimento de abertura de inquérito caberá recurso para o chefe de Polícia."

É recomendável que a autoridade policial após determinar o arquivamento, remeta os autos da VPI ao Ministério Público que em última análise poderá requisitar a efetiva instauração do inquérito.

Embora muitos juristas sejam contra esse procedimento de verificação, não muito raro ocorrem denúncias anônimas, através de diversos meios como o mais difundido "Disque Denúncia", até mesmo com anúncios de recompensas, cartas anônimas sem qualquer fundamento, que se instaurado inquérito policial de imediato causaria constrangimento ao denunciado, ferindo o Princípio da Dignidade da Pessoa Humana, além de possíveis danos ao mesmo perante o seu meio social, e a perda significativa de tempo da máquina policial, com o formalismo do inquérito, atingindo o investigado com provas que caracterizam ausência de crime seja em decorrência de causas excludentes de tipicidade, seja por excludentes de ilicitude ou de culpabilidade.

A não instauração do Inquérito pela autoridade policial ou mesmo o não oferecimento de denúncia pelo Ministério Público, não fere o Princípio da Indisponibilidade do *jus persequendi*, em razão da ausência de justa causa. O Princípio da Dignidade da Pessoa Humana se sobrepõe, não delimitando uma fase específica, seja processual ou pré-processual para o reconhecimento dessa condição ao acusado ou investigado.

A autoridade policial tem o dever de declarar essa constatação em seu Relatório Final e até mesmo não proceder à instauração do Inquérito se verificada algumas das excludentes no bojo da peça inicial.

2. INQUÉRITO POLICIAL

O Brasil, assim como a França, adota o sistema de justiça criminal, denominado **inquisitorial**. A base desse sistema, é o monopólio do Estado na investigação, que irá apontar os elementos de convicção sobre um crime para o exercício da persecução penal, até chegar em Juízo.

O inquérito policial não se presta única e exclusivamente à apuração de elementos da autoria e da materialidade. O delegado de polícia deve analisar todos os detalhes e os fatos ainda não inclusos na *Notitia Criminis*, exercendo juízo de valor acerca das circunstâncias e elementares que liguem o suposto agente, com sua conduta, ao resultado delituoso, assim a autoridade policial deve se respaldar por todos os meios disponíveis, como exames periciais, oitiva de testemunhas e do suposto autor do fato, além daqueles elencados no artigo 6º do C.P.P., buscando a Verdade Real, propiciando maior segurança, eficiência e celeridade no exercício da jurisdição.

O escopo do Inquérito Policial é destiná-lo com exclusividade, ao Ministério Público, como instrumento de acusação, porém, com respaldo no Princípio da Dignidade da Pessoa Humana, a matéria apurada deve ser balizada em razão das partes envolvidas, não só a acusação, mas também as que possam ser alcançadas pelos efeitos jurídicos produzidos pela investigação.

Visando preservar as Garantias Individuais do investigado, o Supremo Tribunal Federal acertadamente reconheceu o direito do investigado em ter acesso aos Autos do Inquérito Policial, mesmo tendo sido decretado segredo de justiça, conforme determina a Súmula Vinculante nº 14, *in verbis*

> "É direito do defensor, no interesse do representado, ter acesso amplo aos elementos de prova que, já documentados em procedimento investigatório realizado por órgão com competência de polícia judiciária, digam respeito ao exercício do direito de defesa."

Conceitualmente, Inquérito Policial é o conjunto de diligências (atos investigatórios) realizadas pela Polícia Judiciária seja civil ou federal, presidido pelo Delegado de Polícia (C.F. art. 144, § 4º), com o objetivo de investigar as infrações penais e colher elementos necessários para a propositura da Ação Penal. Tem por escopo a apuração das infrações penais e da sua autoria, conforme dispõe o art. 4º do Código de Processo Penal.

A importância do inquérito policial no cenário jurídico, não se esgota em si mesmo. A materialidade e os indícios suficientes de autoria nele contido, por ocasião da propositura de ação penal, seja pelo Ministério Público, ou pelo ofendido, é coadjuvante da própria fase processual, figurando materialmente junto à peça inaugural do processo, sendo um instrumento indissociável para que o Juiz forme a sua *opinio delicti.*

Segundo o art. 155 do Código de Processo Penal com a redação da Lei 11.690/08:

> "O juiz formará sua convicção pela livre apreciação da prova produzida em contraditório judicial, não podendo fundamentar sua decisão exclusivamente nos elementos informativos colhidos na investigação, ressalvadas as provas cautelares, não repetíveis e antecipadas".

O termo "exclusivamente" contido no art. 155 do CPP, significa dizer que o juiz pode dar ao inquérito policial valor probatório decisivo ao seu julgamento, porém, não de forma exclusiva, ou seja, outras provas colhidas ao longo do contraditório e da ampla defesa, devem estar em consonância com os resultados da investigação preliminar no Inquérito Policial. A importância do inquérito policial na ação penal pode ser exemplificada quando uma prova colhida não mais possa ser reiterada na fase instrutória, como o caso de uma testemunha presencial de um crime, ouvida no inquérito policial faleça antes de ser ouvida em juízo. Nesse caso, restará prejudicado o contraditório, porém, o depoimento colhido no inquérito policial poderá ser decisivo no julgamento.

O Inquérito Policial possui por características:

Sigiloso: Conforme o art. 20 do CPP. "Necessário à elucidação do fato ou Exigido pelo interesse da sociedade".

A regra desse artigo não é aplicada ao advogado do investigado, exceto no caso de investigação de absoluto sigilo, como na interceptação telefônica.

Escrito: O art. 9º do CPP, assim determina: "As peças do inquérito policial serão processadas e reduzidas a escrito ou datilografadas e, neste caso, rubricadas pela autoridade".

Inquisitivo: No Inquérito Policial não há Contraditório nem Ampla Defesa, uma vez que ainda não existe acusação formal. Como se vê, a finalidade do Inquérito Policial é reunir elementos suficientes que possibilite a convicção do membro do Ministério Público, para que ofereça a Denúncia ou, se o Ofendido, este ofereça a Queixa-Crime.

Os elementos de convicção devem estar presentes, ou seja, materialidade do fato e indícios de autoria, possibilitando que o titular da Ação Penal ingresse em juízo.

O destinatário final do Inquérito Policial é o Juiz de Direito, conforme determina a Constituição Federal, em seu art. 5º, incisos XXXV e LIII, uma vez que nenhuma lesão de direito pode ser suprimida à cognição judicial, e também por imposição processual (CPP - arts. 385 e 386), uma vez que o objetivo final é a prestação jurisdicional.

O Código de Processo Penal trás estruturalmente sobre Investigação no Título II, do Livro I, 49 dispositivos, sendo 20 artigos, 15 incisos, 11 parágrafos e 3 alíneas, não podendo serem estudados isoladamente, uma vez que estão intrinsecamente ligados à outros dispositivos de vários outros Títulos, embora quase todos dentro do Livro I, como: arts. 3º, 4º a 23, 33/34, 38/39, 118/154, 155/250, 275/281, 282/372, 381/39).

Essa sistemática pode ser melhor observada p.ex.:

1- interrogatório/remissão expressa (inciso V do art. 6º e art. 185);

2- flagrante/expressa (art. 8º e 301);

3- depoimentos/implícita (art. 6º, III, e 202 a 225);

4- perícias e exames/implícita (art. 6º VII e 226 a 230);

5- oitiva do ofendido/implícita (art. 6º IV, e 201);

6- reconhecimento de pessoas e coisas e acareação/implícita (art. 6º VI e 226 a 230).

Princípios Constitucionais inseridos no Inquérito Policial

O inquérito policial é o procedimento administrativo destinado à apuração de infrações penais. Assim, deve ser submetido aos Princípios Constitucionais que regem a Administração Pública, insculpidos nos artigos 5º (Direitos e Garantias Fundamentais) e 37 da Constituição Federal.

Os Princípios Constitucionais que revestem o Inquérito Policial são: da legalidade, da impessoalidade, da moralidade, da publicidade, da eficiência, da celeridade e do controle.

Os Princípios Infraconstitucionais que incidem no Inquérito Policial são: o da economia processual, da oficialidade, do impulso oficial, da indisponibilidade, da verdade real, da não-contraditoriedade e da imparcialidade.

Princípio da legalidade: Localizado no art. 5º, inciso II, da Constituição Federal e caput do art. 37 do mesmo Diploma

Legal, se aplica a toda Administração Pública, como garantia aos direitos individuais, impondo os limites de sua atuação até onde a lei permite.

No inquérito policial o Princípio da Legalidade está presente ao obrigar o Delegado de Polícia a praticar atos vinculados na instauração do procedimento para apuração da materialidade e da autoria do crime, assim como, possibilitando à Autoridade Policial praticar atos discricionários indispensáveis às investigações (ex. acareações, oitiva de testemunhas), porém, limitando o poder investigatório na medida em que, somente será possível atuar com as medidas de restrição às liberdades individuais, dentro do balizamento que a lei dispõe. Assim, caso a Autoridade Policial necessite realizar busca e apreensão fora de uma situação de flagrância, ou quebra de sigilo telefônico, etc., terá necessariamente que buscar autorização judicial para executar essas medidas.

Princípio da impessoalidade: Está no *caput* do art. 37 da Constituição Federal, e no art. 2º, parágrafo único, inciso III, da Lei nº 9.784/99. O inquérito policial é instrumento para apuração da verdade real em razão de um fato criminoso, não se prestando como instrumento para prejudicar ou beneficiar pessoas determinadas.

> C.F. - Art. 37. A administração pública direta e indireta de qualquer dos Poderes da União, dos Estados, do Distrito Federal e dos Municípios obedecerá aos princípios de legalidade, impessoalidade, moralidade, publicidade e eficiência e, também, ao seguinte:
>
> Lei nº 9.784/99 (Regula o processo administrativo no âmbito da Administração Pública Federal)
>
> Art. 2º A Administração Pública obedecerá, dentre outros, aos princípios da legalidade, finalidade, motivação, razoabilidade, proporcionalidade, moralidade, ampla defesa, contraditório, segurança jurídica, interesse público e eficiência.
>
> Parágrafo único. Nos processos administrativos serão observados, entre outros, os critérios de:
>
> (...)
>
> III - objetividade no atendimento do interesse público, vedada a promoção pessoal de agentes ou autoridades;

A Lei ao se referir "agentes ou autoridades" engloba os membros do Poder Judiciário, do Ministério Público e demais servidores que tenham acesso ao inquérito policial.

Princípio da moralidade: Insculpido no *caput* do art. 37 da Constituição Federal e no art. 2º, parágrafo único, inciso IV, da Lei nº 9.784/99, que o traduz como: "IV - atuação segundo padrões éticos de probidade, decoro e boa-fé".

Esse princípio insere no ordenamento jurídico o elemento "moral", alcançando a conduta do servidor público ou administrador, que mesmo guardando uma atuação formalmente legal, caso seja imoral, será também ilegal, ou seja, além de estar em conformidade com o ordenamento jurídico, o ato administrativo deverá estar em conformidade com a moral, para que seja revestida de legalidade. É através do Conceito de Probidade Administrativa onde está presente o comportamento legal do agente, revestido da moralidade adequada ao ato, que é avaliado o critério de Moralidade na Administração Pública.

Assim, por ser o inquérito policial, um procedimento administrativo regulado por normas processuais penais, essas já trazem em seu bojo os preceitos de moralidade, visando garantir as liberdades individuais e coibir abusos. Em suma, os fins não justificam os meios para obtenção de provas no inquérito policial.

Princípio da publicidade: Apesar de insculpido no *caput* do art. 37 da Constituição Federal, o Código de Processo Penal, em seu art. 20, *caput*, mitiga esse Princípio ao dispor: "Art. 20. A autoridade assegurará no inquérito o sigilo necessário à elucidação do fato ou exigido pelo interesse da sociedade".

Uma peculiaridade do Inquérito Policial é ser inquisitorial o que já o faz demandar sigilo para que a autoridade policial possa desenvolver as investigações, colhendo provas, sem a ingerência de terceiros que possam prejudicar ou dificultar a atividade policial. No inquérito policial, a publicidade dos atos praticados se dá através do exame dos autos pelas partes, após a realização das diligências.

Princípio da eficiência: Também previsto no art. 37, *caput*, da Constituição Federal, e no *caput* do art. 2º da Lei nº 9.784/99, está inserido no inquérito policial, impondo aos servidores públicos o melhor desempenho possível das suas atribuições, para a apuração da verdade real sobre o fato criminoso investigado, como p.ex. no inquérito policial, após serem colhidas provas suficientes sobre a autoria do crime, a autoridade policial em obediência a esse Princípio, deve relatar o inquérito encaminhando-o ao judiciário, mesmo que haja pendente exame pericial para mera corroboração às provas já colhidas, podendo ser encaminhado o laudo ao judiciário, mesmo após a conclusão do inquérito, para não prejudicar a propositura da ação penal.

Princípio da celeridade: Consagrado no art. 5º, inciso LXXVIII da Constituição Federal *"a todos, no âmbito judicial e administrativo, são assegurados a razoável duração do processo e os meios que garantam a celeridade de sua tramitação"*. Assim, o inquérito policial deve ser concluído com a maior brevidade de tempo possível.

Princípio do controle: Esse Princípio garante a fiscalização das atividades da Polícia Judiciária, com a observância das finalidades institucionais e evitando possíveis abusos ou desvios de finalidade que possam ocorrer ao longo da investigação policial. Esse controle é realizado internamente, através das Corregedorias de Polícia, e externamente, feito pelo Poder Judiciário (Art. 5º, inciso XXXV da Constituição Federal - *"a lei não excluirá da apreciação do Poder Judiciário lesão ou ameaça a direito"*), assim como, em razão dos artigos 4º ao 23º do Código de Processo Penal, que determina que o inquérito policial seja fiscalizado pelo Juiz competente para processar e julgar a futura ação penal.

O Ministério Público também exerce controle por força da Constituição Federal, em seu art. 129, inciso VIII.

> Art. 129. São funções institucionais do Ministério Público:
>
> (...)
>
> VIII - requisitar diligências investigatórias e a instauração de inquérito policial, indicados os fundamentos jurídicos de suas manifestações processuais;

A Lei Complementar nº 75/93 (Estatuto do Ministério Público da União), em seu art. 9º e 10º, dispõe:

> Art. 9º O Ministério Público da União exercerá o controle externo da atividade policial por meio de medidas judiciais e extrajudiciais podendo:
>
> I - ter livre ingresso em estabelecimentos policiais ou prisionais;
>
> II - ter acesso a quaisquer documentos relativos à atividade-fim policial;
>
> III - representar à autoridade competente pela adoção de providências para sanar a omissão indevida, ou para prevenir ou corrigir ilegalidade ou abuso de poder;
>
> IV - requisitar à autoridade competente para instauração de inquérito policial sobre a omissão ou fato ilícito ocorrido no exercício da atividade policial;
>
> V - promover a ação penal por abuso de poder.
>
> Art. 10. A prisão de qualquer pessoa, por parte de autoridade federal ou do Distrito Federal e Territórios, deverá ser comunicada imediatamente ao Ministério Público competente, com indicação do lugar onde se encontra o preso e cópia dos documentos comprobatórios da legalidade da prisão.

As partes envolvidas no inquérito policial (vítima e investigado) também exercem o controle externo da atividade policial, em razão do interesse na conclusão das investigações. Com respaldo no Princípio da Publicidade, têm direito ao acesso aos autos e documentos, requerendo à autoridade policial a realização de diligências para a apuração dos fatos, assim como, ocorrendo alguma irregularidade, comunicá-la aos órgãos superiores.

Princípios infraconstitucionais inseridos no Inquérito Policial

Princípio da Economia Processual: É indispensável para o exercício dos Princípios da Eficiência e da Celeridade. A autoridade policial se obriga a buscar os meios para a obtenção de indícios e provas, através de diligências práticas e objetivas, propiciando maior celeridade para concluir o inquérito policial, como p.ex. a obtenção de prova emprestada através de outros órgãos públicos, que interessem à investigação, assim como, a realização de diligências ao invés de oficiar determinado órgão para obter prova mais rapidamente.

Princípio da oficialidade: O exercício do *jus puniendi* é função precípua do Estado, devendo instituir órgãos para atuação na persecução penal. Assim, o inquérito policial é o instrumento legal para que as Polícias Judiciárias exerçam essa atividade, ouvindo as partes, testemunhas, requisitar perícias, função esta típica da autoridade policial ou de seus agentes sob a sua supervisão.

Princípio do impulso oficial: A própria autoridade policial, inicia o inquérito policial, não ficando adstrito à provocação de terceiros. Ao tomar ciência de um fato delituoso, instaura o inquérito para apuração dos fatos, exceto se o crime em questão depender de provocação da vítima, através de representação ou queixa-crime, nas hipóteses de ação penal privada ou pública condicionada à representação.

Formalizada a representação pela vítima e iniciado o inquérito policial, a autoridade policial terá que prosseguir até o final da investigação, não podendo dispor do inquérito policial.

Princípio da indisponibilidade: Esse princípio está disposto no art. 17 do Código de Processo Penal "*A autoridade po-*

licial não poderá mandar arquivar autos de inquérito". Uma vez iniciado o inquérito policial, não poderá a autoridade policial dispor do mesmo. Deverá prosseguir até a sua conclusão com relatório, e ser remetido ao judiciário. O seu arquivamento somente ocorrerá após manifestação do Ministério Público, por decisão do juiz competente.

Princípio da verdade real: O inquérito policial é o procedimento que fornece subsídios para propositura da ação penal, buscando elementos que garantam o *jus puniendi* do Estado. Através do inquérito policial devem ser aprofundadas as investigações, não se detendo à verdade formal concluída por presunções, ilações, mas sim a buscando a verdade real.

Princípio da não-contraditoriedade: Por ser de natureza inquisitorial, no inquérito policial, não há contraditório, pois se houvesse o inquérito deixaria de ser procedimento investigatório e passaria a ser processo. Até a entrada em vigor da Constituição Federal de 1988, havia o chamado Processo Judicialiforme que consistia na possibilidade da ação penal, em contravenções penais, ter início por força de Portaria do delegado de polícia. Ocorria com mais frequência nas lesões corporais culposas em acidentes de trânsito.

O Código de Processo Penal no Capítulo V do Processo Sumário, em seu artigo 531 (alterado pela Lei 11.719/08), contemplava o processo das contravenções na forma sumária, iniciando-se pelo auto de prisão em flagrante ou mediante portaria expedida pela autoridade policial ou pelo juiz, de ofício ou a requerimento do Ministério Público. Este procedimento não foi recepcionado pela Constituição Federal de 1988, por força do Princípio da Oficialidade já mencionado, pois o órgão oficial do Estado para promover a ação penal pública é o Ministério Público, exceto na hipótese da ação penal privada subsidiária da pública, prevista na Constituição Federal de 1988, em seu artigo 5º, inciso LIX e no artigo 29 do C.P.P.

C.F – Art. 5º - LIX - será admitida ação privada nos crimes de ação pública, se esta não for intentada no prazo legal

CPP - Art. 29. Será admitida ação privada nos crimes de ação pública, se esta não for intentada no prazo legal, cabendo ao Ministério Público aditar a queixa, repudiá-la e oferecer denúncia substitutiva, intervir em todos os termos do processo, fornecer elementos de prova, interpor recurso e, a todo tempo, no caso de negligência do querelante, retomar a ação como parte principal.

Importante frisar que, ainda há previsão legal no artigo 26 do CPP: "a ação penal, nas contravenções, será iniciada com o auto de prisão em flagrante ou por meio de portaria expedida pela autoridade judiciária ou policial." porém, não é compatível com a ordem jurídica atual, pois a Doutrina de maneira uníssona aponta que essa previsão também não foi recepcionada pela Constituição Federal vigente.

Princípio da imparcialidade: O inquérito policial, por ter como escopo a apuração da verdade real, deve ser imparcial, não só pela autoridade policial, como também pelos demais servidores que o auxiliam, como Escrivães, Agentes, Peritos, Papiloscopistas, etc. Por esse Princípio, os agentes envolvidos nas investigações, devem buscar a forma como o ato criminoso ocorreu, assim como o seu autor, podendo inclusive concluir pela inexistência de crime ou pela não participação de algum investigado.

O Código de Processo Penal, em seu artigo 107, "Não se poderá opor suspeição às autoridades policiais nos atos do inquérito, mas deverão elas declarar-se suspeitas, quando ocorrer motivo legal.", *in fine* em razão do Princípio da Imparcialidade, dispõe sobre a autoridade policial que deverá declarar-se suspeita, sob pena de estar incurso nos crimes de prevaricação, advocacia administrativa, abuso de autoridade ou alguma infração administrativa.

Crítica ao art. 107 do C.P.P.: O delegado de polícia não se declarar suspeito espontaneamente, e sendo vedado ao investigado opor-se na fase inquisitorial, há uma flagrante contradição constitucional, pois o CPP dispõe sobre suspeição de magistrados nos processos judiciais nos artigos 96 a 107 e 252 a 256, aplicadas ainda, aos membros do Ministério Público e demais auxiliares da justiça no art. 105, e jurados no art. 106.

Assim, apesar da Garantia Constitucional de uma investigação imparcial, sendo detectado algum vício ao longo das investigações, não poderá o investigado se insurgir com amparo no Princípio da Legalidade em face do delegado de polícia. Então, o ordenamento jurídico consagra um direito e, ao mesmo tempo, impede o exercício ao seu titular, na hipótese do delegado de polícia espontaneamente não se der por suspeito.

No caso concreto, a oposição de suspeição ou impedimento em sede de inquérito policial, o investigado deverá ingressar na via judicial, através de remédio constitucional, para garantir o seu direito.

2.1. O Ministério Público e o Inquérito Policial

O Ministério Público exerce o controle externo da atividade policial (C.F. art. 129, VII) e não o controle de mérito dos atos da polícia judiciária.   A atribuição exclusiva para a Investigação Criminal é do Delegado de Polícia (CPP - art. 39/40)

Pela Sistemática do Código de Processo Penal, o Delegado de Polícia é o *"dominus investigatio"*. É exclusivamente sua a presidência do Inquérito Policial, vedado ao Promotor de Justiça ou outras autoridades presidirem o procedimento investigatório.

O Ministério Público é parte processual, razão pela qual, não pode presidir Investigação no sentido estrito. Poderá ele, como qualquer do povo (em sentido amplo), buscar elementos ou provas, inclusive a vítima, familiares, testemunhas, profissionais particulares contratados, advogados, etc.

A formalização dos interrogatórios, depoimentos, determinação de condução coercitiva, acareações, instauração de procedimentos formais, somente a autoridade competente poderá. Dessa forma, o Inquérito Policial que formaliza a investigação é de natureza pública e de atribuição exclusiva da Polícia Judiciária. Diferente da Ação Penal que não é exclusiva, podendo ser Pública ou Privada, promovida pelo Promotor ou Querelante através da Queixa Crime.

Os artigos 39 e 40 do CPP dirimiram toda e qualquer dúvida sobre esse assunto, como se vê *in verbis*

> Art. 39. O direito de representação poderá ser exercido, pessoalmente ou por procurador com poderes especiais, mediante declaração, escrita ou oral, feita ao juiz, ao órgão do Ministério Público, ou à autoridade policial.
>
> § 1º A representação feita oralmente ou por escrito, sem assinatura devidamente autenticada do ofendido, de seu representante legal ou procurador, será reduzida a termo, perante o juiz ou autoridade policial, presente o órgão do Ministério Público, quando a este houver sido dirigida. (Destacamos)

Observe-se que a Representação não sendo dirigida ao representante do *parquet*, este somente acompanhará. Apenas o Juiz e o Delegado de Polícia possuem atribuição para validar a Representação não autenticada. Nessa hipótese de Representação, ainda não existem provas suficientes, capazes de sustentar o oferecimento da Denúncia, carecendo ainda de investigação através do Inquérito Policial.

> Art. 40. Quando, em autos ou papéis de que conhecerem, os juízes ou tribunais verificarem a existência de crime de ação pública, remeterão ao Ministério Público as cópias e os documentos necessários ao oferecimento da denúncia.

Já no artigo 40, o legislador aponta a hipótese da presença em tese, de elementos suficientes do crime, estando apto para o oferecimento da Denúncia, assim sendo, encaminha diretamente ao Ministério Público. Apesar desses argumentos, se alguma dúvida ainda restasse, o parágrafo 5º do artigo 39 do CPP, deu por extinto qualquer argumento contrário que pudesse defender a legitimidade do Promotor de Justiça poder instaurar Inquérito para obtenção de elementos para respaldar a Denúncia, como se verifica, *in verbis*:

> § 5º O órgão do Ministério Público dispensará o inquérito, se com a representação forem oferecidos elementos que o habilitem a promover a ação penal, e, neste caso, oferecerá a denúncia no prazo de quinze dias.

O legislador não estabeleceu outra hipótese pela qual o Ministério Público possa instaurar Inquérito, não sendo policial, para obter outros elementos de provas não trazidos com a inicial. Transgredir essa regra é ferir o Princípio Constitucional do Devido Processo Legal, que garante a Ampla Defesa, nos moldes da Carta Constitucional, em seu artigo 5º, Incisos: LIII, LIV, LV, LVI).

2.2. O Inquérito Policial em outros países

Nos Estados Unidos da América, a polícia é independente do Ministério Público, porém, são interdependentes. Não há a figura do Delegado de Polícia e nem o Inquérito Policial. O policial não tem formação em Direito, como no Brasil, que o Delegado de Polícia tem obrigatoriamente bacharelado em Direito. A polícia não pode por conta própria efetuar busca ou expedir intimação sem autorização judicial, através do Promotor de Justiça.

O Promotor de Justiça orienta o policial quanto às provas e aprecia a investigação, analisa a luz do direito a possibilidade ou não de oferecer a denúncia, de solicitar diligências ou encerrar o caso.

O Promotor de Justiça tem à sua disposição todo o aparelhamento para exercer sua atividade, com Secretaria, Informática, Peritos, Equipe de Investigadores chefiados pelo Chefe de Polícia.

Na **França**, o Ministério Público dirige a Polícia Judiciária que investiga as infrações penais, colhe as provas e aponta a autoria. Apesar da polícia administrativa e a de prevenção ter chefias próprias como no Brasil, ambas são subordinadas ao Ministério Público que concentra todas as informações trazidas pelas polícias.

A figura que mais se assemelha ao Inquérito Policial é a chamada Enquete Preliminar, nos casos em que não há flagrante. Essas Enquetes são realizadas pelos Oficiais de Polícia Judiciária, Comissários de Polícia e os chamados Gendarmes (Guardas), que possuem a qualidade de Oficiais de Polícia Judiciária. Todos esses profissionais também atuam nos casos de flagrante. De todo modo, tomando conhecimento do fato delituoso essas autoridades necessitam do Visto do Ministério Público para dar prosseguimento a essa espécie de Inquérito ou do Processo que ao final lhe será remetido. No decorrer da Enquete ou do Flagrante, o Oficial ou o Agente de Polícia Judiciária mantém o Ministério Público informado de todo o andamento.

A legislação processual francesa ainda tem uma peculiaridade nesse aspecto, determinando que se o Representante do Ministério Público estiver presente no local do crime, tanto o Oficial de Polícia Judiciária, como o Comissário não terão mais competência para dirigir a investigação, passando à condição de auxiliares do Ministério Público que passa a dirigir Inquéritos e Processos de Flagrante.

Na França, existem os Juizados de Instrução, e o Juiz Instrutor que é o órgão superior da Polícia Judiciária, porém, sob a fiscalização do Procurador Geral.

Na **Itália**, assim como na França, os Oficiais e Agentes de Polícia Judiciária, também estão sob a direção do Ministério Público.

Na **Espanha**, da mesma forma, o Ministério Público promove as investigações preliminares, com o auxílio da Polícia Judiciária que lhe é subordinada.

Na **Alemanha**, o Ministério Público dirige e fiscaliza a Polícia Judiciária, sendo também os Agentes de Polícia subordinados administrativamente. Em casos de maior relevância, além dessas atribuições o Ministério Público assume as investigações, se sobrepondo às ordens emanadas pelos superiores hierárquicos dos Agentes de Polícia.

Em **Portugal**, existem dois tipos de Instrução (Preparatória e Contraditória), que guarda semelhança com o nosso ordenamento.

A Instrução Preparatória tem por finalidade a reunião de elementos probatórios necessários à fundamentação da acusação. É sigilosa e dirigida pelo Ministério Público. A Polícia Judiciária é órgão auxiliar do Ministério Público, ligada ao Ministério da Justiça e integrada na Procuradoria Geral da República, orientada e fiscalizada pelo Procurador Geral da Justiça e pelos Procuradores da República.O Ministério Público conta com o auxílio dos órgãos auxiliares como Institutos de Criminologia, Medicina Legal, Centros psiquiátricos, Laboratórios, de Polícia Científica, Arquivos de Identificação e Registro Criminal.

Há total harmonia entre o Procurador Geral da República em conjunto com o Diretor da Polícia Judiciária, para o encaminhamento da Instrução Preparatória, observada a subordinação de ambos ao Ministério Público.

Sendo o Inquérito inquisitório e secreto, resta abordar a questão de saber como pode ser exercido o Contraditório nas fases preliminares, isto é, como controlar e discutir processualmente, nesta fase, os fundamentos da decisão do Ministério Público de acusação ou de arquivamento.

O modelo processual em vigor resolve a questão introduzindo no processo uma fase Facultativa, entre a fase de Inquérito e a fase de Julgamento, que é a Instrução, que visa à comprovação judicial da decisão de deduzir acusação ou de arquivar o Inquérito, a submeter ou não o caso a julgamento (art. 286 - CPP). Não sendo requerida Instrução, o Código prevê ainda o funcionamento de procedimentos de controle interno do Ministério Público, estabelecendo que o imediato superior hierárquico do magistrado que proferiu a decisão, reaprecie os fundamentos do arquivamento, podendo determinar que seja formulada acusação ou que as indicações prossigam, indicando, neste caso, as diligências a efetuar e o prazo para a sua realização (art. 278 - CPP).

Em suma, na estrutura do Código, a Instrução constitui o momento processual próprio para submeter à decisão final do Ministério Público a controlo judicial.

2.3. O Delegado de Polícia e a Fiança

A Lei 12.403/2011alterou o Código de Processo Penal no que concerne à prisão processual, fiança, liberdade provisória, medidas cautelares, dentre outros aspectos.

A figura jurídica da fiança passou por uma significativa reformulação, em especial sobre a sua fixação pelo Delegado de Polícia, ampliando a sua aplicabilidade.

A nova redação do artigo 322 do CPP mudou a sistemática de arbitramento de fiança libertadora pelo Delegado de Polícia, que antes só poderia fazê-lo diante das infrações apenadas com detenção ou prisão simples. O novo critério é estabelecido em razão do máximo da pena.

> Art.322. A autoridade policial somente poderá conceder fiança nos casos de infração cuja pena privativa de liberdade máxima não seja superior a 4 (quatro) anos.
>
> Art.325. O valor da fiança será fixado pela autoridade que a conceder nos seguintes limites:
>
> I - de 1 (um) a 100 (cem) salários mínimos, quando se tratar de infração cuja pena privativa de liberdade, no grau máximo, não for superior a 4 (quatro) anos;

Dessa forma, ao ser apresentado o conduzido em situação de flagrante delito ao Delegado, de imediato ele realizará o juízo de tipicidade do fato, em seguida, observará o máximo da penal referente a infração.

Caso a pena privativa de liberdade seja inferior a 2 (dois) anos, o rito será o da fase preliminar dos Juizados Especiais Criminais, previsto na Lei 9.099/1995, lavra-se o Termo Circunstanciado de Ocorrência (TCO), sendo o preso encaminhado imediatamente ao juiz competente ou, na impossibilidade desta medida, liberado mediante assinatura do Termo de Compromisso de comparecimento ao juízo, conforme estabelece o art. 69 da Lei 9.099/1995.

Caso a pena máxima seja inferior a 4 (quatro) anos, com

reclusão, detenção ou prisão simples, está franqueado o arbitramento de fiança pela autoridade policial, não havendo impedimento legal, conforme determina o art. 322 do CPP. Importante salientar que a concessão ou denegação da fiança pelo Delegado de Polícia, deverá sempre ser fundamentada.

Na hipótese da pena máxima ser superior a 4 (quatro) anos, será lavrado o Auto de Prisão em Flagrante, nos termos dos artigos 301 e seguintes do CPP. Neste caso, a fiança será requerida ao juiz, que decidirá em 48 (quarenta e oito) horas, conforme estabelece o parágrafo único do art. 322 do CPP.

O Delegado de Polícia deverá analisar no caso concreto a presença de concurso de crimes (formal, material, crime continuado) e de causas de aumento e diminuição de pena. Ex.: no crime de estelionato simples (art. 171 do CP), com a pena máxima de 5 (cinco) anos, o Delegado não poderá arbitrar fiança. Porém, se esse crime de estelionato tiver ocorrido na forma tentada, a pena máxima é reduzida de 1/3 (art. 14, parágrafo único do CP), passando assim o máximo da pena para 3 (três) anos e quatro (quatro) meses, permitindo a concessão da liberdade provisória com fiança.

O artigo 332 prevê a possibilidade de concessão de fiança, em caso de prisão por mandado, por autoridade policial a quem tiver sido requisitado o cumprimento. *In verbis:*

> Art. 332. Em caso de prisão em flagrante, será competente para conceder a fiança a autoridade que presidir ao respectivo auto, e, em caso de prisão por mandado, o juiz que o houver expedido, ou a autoridade judiciária ou policial a quem tiver sido requisitada a prisão.

Como se verifica na hipótese de prisão em flagrante do art. 332, somente o Delegado de Polícia poderá conceder a fiança, pois o seu arbitramento ocorreria em razão da omissão judicial da declaração no mandado, do valor do benefício, quando afiançável a infração, conforme o art. 285, parágrafo único, d, do CPP estabelece.

Assim, conclui-se que esse dispositivo perdeu seu propósito, tendo em vista que das modalidades de prisões cautelares após a reforma do CPP pela Lei 12.403/2011, preventivas e temporárias, não se coadunam com a medida.

> Art. 323. Não será concedida fiança:
>
> I - nos crimes de racismo;
>
> II - nos crimes de tortura, tráfico ilícito de entorpecentes e drogas afins, terrorismo e nos definidos como crimes hediondos;
>
> III - nos crimes cometidos por grupos armados, civis ou militares, contra a ordem constitucional e o Estado Democrático.
>
> Art. 324. Não será, igualmente, concedida fiança:
>
> I - aos que, no mesmo processo, tiverem quebrado fiança anteriormente concedida ou infringido, sem motivo justo, qualquer das obrigações a que se referem os arts. 327 e 328 deste Código;
>
> II - em caso de prisão civil ou militar;
>
> III - (revogado);
>
> IV - quando presentes os motivos que autorizam a decretação da prisão preventiva (art. 312).

O Delegado não deverá conceder fiança quando tratar-se de crimes inafiançáveis:

Obs. Inciso II: Prisão Civil } Alimentos;

Prisão Militar} Disciplinar, Administrativa ou Judicial.

Obs. Inciso IV: motivos da prisão preventiva: garantia da ordem pública, da ordem econômica, por conveniência da instrução criminal ou para assegurar a aplicação da lei penal.

Sob essa particularidade insculpida no inciso IV do art. 324 do CPP, existem duas correntes doutrinárias antagônicas sobre a questão.

A primeira corrente é negativa, com base no fato de que um dos requisitos da prisão preventiva é que a pena máxima do crime seja superior a quatro anos, conforme já vimos anteriormente (CPP – art. 313, inciso I), não cabendo ao Delegado de Polícia arbitrar a fiança.

A segunda corrente já admite a fiança arbitrada pelo Delegado de Polícia na hipótese do Inciso IV do art. 324 do CPP, por não excluir expressamente a autoridade policial de operar.

Assim, o mais coerente é manter o preso de forma precautelar, evitando que seja frustrada a persecução penal, devendo aguardar a manifestação judicial, para que seja decretada a prisão preventiva ou a revogação.

De todo modo, através do art. 335 do CPP, ou de *habeas corpus* a questão será sanada.

> Art. 335. Recusando ou retardando a autoridade policial a concessão da fiança, o preso, ou alguém por ele, poderá prestá-la, mediante simples petição, perante o juiz competente, que decidirá em 48 (quarenta e oito) horas.

Obs: A Lei 13.546 de 19 de Dezembro de 2017, que entrou em vigor em Abril de 2018, alterou o artigo 302 do Código de Trânsito Brasileiro (praticar homicídio culposo na direção de veículo automotor). A mudança incluiu o parágrafo terceiro, estabelecendo que se o motorista matar ao conduzir veículo sob influência de álcool ou outra substância psicoativa estará sujeito à reclusão, de cinco a oito anos, e suspensão ou proibição do direito de obter permissão ou habilitação. Assim, o infrator não terá direito a liberdade sob fiança arbitrada pela autoridade policial e o regime fechado de prisão poderá ser adotado inicialmente pelo juiz.

2.3.1. Cálculo da Fiança

O balizamento do mínimo e máximo dos valores para a concessão de fiança pelo Delegado de Polícia (que fará por despacho fundamentado no Auto de Prisão em Flagrante), está entre 1 (um) e 100 (cem) salários mínimos (CPP – art.325, Inciso I): " I - de 1 (um) a 100 (cem) salários mínimos, quando se tratar de infração cuja pena privativa de liberdade, no grau máximo, não for superior a 4 (quatro) anos".

Levando em conta a situação econômica do preso, a fiança poderá ser dispensada, reduzida até o máximo de 2/3 (dois terços) ou aumentada em até 1.000 (mil) vezes, conforme dispõe o art. 325, § 1º, Incisos I, II, III do CPP.

O Delegado de Polícia só poderá concede Liberdade Provisória sem fiança, na hipótese de infração de menor potencial ofensivo, sendo atribuição do Juiz (CPP - art. 310, III) nos demais crimes.

A dispensa da fiança em razão de pobreza (§ 1°, I, do art.325 do CPP), previsto no art. 350 do mesmo diploma legal, só poderá ser concedida judicialmente. Constatada tal circunstância, a autoridade policial concederá a fiança no menor patamar possível (um salário mínimo menos dois terços) e fará constar a condição de pobreza no Auto de Prisão em Flagrante, para posterior apreciação pelo Juiz.

A autoridade policial ao arbitrar o valor da fiança levará em consideração, discricionariamente (CPP - art. 326):

1 - a natureza da infração (dimensão do dano, causas legais de agravamento ou abrandamento da pena, natureza do bem jurídico tutelado etc.);

2 - as condições pessoais de fortuna (pobre, classe média, rico);

3 - a vida pregressa do acusado, se boa ou má (antecedentes sociais e criminais);

4 - as circunstâncias indicativas de sua periculosidade (reincidência, perversidade, personalidade vingativa);

5 - a importância provável das custas do processo, até final do julgamento.

O Delegado deve usar da sua discricionariedade com bom senso, evitando fixar em valores ínfimos ou excessivos em desacordo com o balizamento legal. A concessão de uma fiança astronômica àquele que não possui recursos financeiros, será o mesmo que negá-la.

> Art. 340. Será exigido o reforço da fiança:
>
> I - quando a autoridade tomar, por engano, fiança insuficiente;
>
> II - quando houver depreciação material ou perecimento dos bens hipotecados ou caucionados, ou depreciação dos metais ou pedras preciosas;
>
> III - quando for inovada a classificação do delito.
>
> Parágrafo único. A fiança ficará sem efeito e o réu será recolhido à prisão, quando, na conformidade deste artigo, não for reforçada.

2.3.2. Formas de Fiança

Em sede policial, a fiança deverá ser paga antes de o Juiz ser comunicado da Prisão em Flagrante.

A fiança pode ser prestada através de depósito de diversas formas, como determina o art. 330, do CPP:

1 - em moeda corrente, sendo esse o modo mais usado;

2 - em pedras preciosas (esmeralda, rubi, diamante etc.);

3 - objetos ou metais preciosos (pintura, escultura, anel, relógio, ouro, prata etc.);

4 - hipoteca.

Os itens 2, 3 e 4, deverão ser avaliados por perito nomeado pelo Delegado de Polícia, ou na falda de perito, outra pessoa apta (joalheiro, antiquário, etc.) poderá exercer essa função.

Além desses, os Títulos da Dívida Pública, Federal, Estadual ou Municipal, que possuam cotação em Bolsa de Valores, também poderão ser objeto de fiança, porém, se forem nominativos, será necessária certidão negativa de ônus.

> Art. 331. O valor em que consistir a fiança será recolhido à repartição arrecadadora federal ou estadual, ou entregue ao depositário público, juntando-se aos autos os respectivos conhecimentos.
>
> Parágrafo único. Nos lugares em que o depósito não se puder fazer de pronto, o valor será entregue ao escrivão ou pessoa abonada, a critério da autoridade, e dentro de três dias dar-se-á ao valor o destino que lhe assina este artigo, o que tudo constará do termo de fiança.

Comprovado o depósito, será lavrado pelo Escrivão e assinado pelo Delegado de Polícia e por quem prestar a fiança, o Termo de Fiança em livro próprio para esse fim, no Cartório da Delegacia de Polícia, conforme art. 329 do CPP, e dele será extraída Certidão para juntar-se aos autos.

> Parágrafo único. O réu e quem prestar a fiança serão pelo escrivão notificados das obrigações e da sanção previstas nos arts. 327 e 328, o que constará dos autos.
>
> Art. 327. A fiança tomada por termo obrigará o afiançado a comparecer perante a autoridade, todas as vezes que for intimado para atos

do inquérito e da instrução criminal e para o julgamento. Quando o réu não comparecer, a fiança será havida como quebrada.

Art. 328. O réu afiançado não poderá, sob pena de quebramento da fiança, mudar de residência, sem prévia permissão da autoridade processante, ou ausentar-se por mais de 8 (oito) dias de sua residência, sem comunicar àquela autoridade o lugar onde será encontrado.

Cumprida todas as formalidades legais, o preso é posto em liberdade, porém, caso a fiança tenha sido paga após o recolhimento do preso autuado ao sistema prisional, será emitido Alvará de Soltura ou Guia de Soltura, a ser apresentado ao Diretor ou Carcereiro do estabelecimento prisional para proceder à soltura.

O Ministério Público, como *custus legis*, terá vista do processo, através dos Autos da Comunicação do Flagrante ou do Inquérito concluído e remetido, para requerer o que julgar conveniente, como reforço da fiança, cassação, substituição por medidas cautelares, ou concordar. (CPP - art. 333).

2.3.3. Prisão Temporária (Lei 7.960/1989)

A Prisão Temporária é de natureza Cautelar, sendo cabível somente na fase de Inquérito Policial ou de Investigação Preliminar para assegurar o sucesso de uma determinada diligência "imprescindível para as investigações". Somente o Juiz pode decretar se requerida pelo Delegado de Polícia, antes de ser deferida, deverá ser ouvido o representante do Ministério Público.

O prazo da Prisão Temporária é de 5 (cinco) dias, podendo ser prorrogado por igual prazo. Na hipótese de Crime Hediondo (Lei. 8.072/90) e equiparados, o prazo é de 30 (trinta) dias, podendo ser prorrogado por igual prazo.

Os motivos para a decretação da Prisão Temporária estão elencados nos três incisos do artigo 1º da Lei 7.960/89. O inciso III deverá estar sempre presente e combinado com ao menos um dos outros dois incisos mencionados.

A Súmula 697 do Supremo Tribunal Federal dispõe: "A proibição de liberdade provisória nos processos por crimes hediondos não veda o relaxamento da prisão processual por excesso de prazo".

Lei 7.960/1989:

Art. 1° Caberá prisão temporária:

I - quando imprescindível para as investigações do inquérito policial;

II - quando o indicado não tiver residência fixa ou não fornecer elementos necessários ao esclarecimento de sua identidade;

III - quando houver fundadas razões, de acordo com qualquer prova admitida na legislação penal, de autoria ou participação do indiciado nos seguintes crimes:

a) homicídio doloso (art. 121, caput, e seu § 2°);

b) sequestro ou cárcere privado (art. 148, caput, e seus §§ 1° e 2°);

c) roubo (art. 157, caput, e seus §§ 1°, 2° e 3°);

d) extorsão (art. 158, caput, e seus §§ 1° e 2°);

e) extorsão mediante sequestro (art. 159, caput, e seus §§ 1°, 2° e 3°);

f) estupro (art. 213, caput, e sua combinação com o art. 223, caput, e parágrafo único);

g) atentado violento ao pudor (art. 214, caput, e sua combinação com o art. 223, caput, e parágrafo único);

h) rapto violento (art. 219, e sua combinação com o art. 223 caput, e parágrafo único);

i) epidemia com resultado de morte (art. 267, § 1°);

j) envenenamento de água potável ou substância alimentícia ou medicinal qualificado pela morte (art. 270, caput, combinado com art. 285);

l) quadrilha ou bando (art. 288), todos do Código Penal;

m) genocídio (arts.1°, 2° e 3° da Lei n° 2.889, de 1° de outubro de 1956), em qualquer de suas formas típicas;

n) tráfico de drogas (art. 12 da Lei n° 6.368, de 21 de outubro de 1976);

o) crimes contra o sistema financeiro (Lei n° 7.492, de 16 de junho de 1986);

p) crimes previstos na Lei de Terrorismo.   (Incluído pela Lei nº 13.260, de 2016).

2.3.4. Prisão Preventiva

Essa modalidade de prisão também pode ser decretada tanto durante as investigações, quanto no decorrer da ação penal, sempre preenchidos os requisitos legais para sua decretação. O artigo 312 do Código de Processo Penal aponta os requisitos que fundamentam a prisão preventiva:

1 - garantia da ordem pública e da ordem econômica (impedir que o réu continue praticando crimes);

2 - conveniência da instrução criminal (evitar que o réu atrapalhe o andamento do processo, ameaçando testemunhas ou destruindo provas);

3 - assegurar a aplicação da lei penal (impossibilitar a fuga do réu, garantindo que a pena imposta pela sentença seja cumprida).

2.3.5. Prisão em Flagrante

Prisão em flagrante é a medida cautelar de natureza processual, de privaão de liberdade de quem praticou o delito, está praticando, é perseguido logo após o crime ou preso logo após com objetos que façam presumir ser o autor do crime, não sendo necessária ordem judicial. O CPP assim dispõe:

> Art. 301. Qualquer do povo poderá e as autoridades policiais e seus agentes deverão prender quem quer que seja encontrado em flagrante delito.
>
> Art. 302. Considera-se em flagrante delito quem:
>
> I - está cometendo a infração penal;
>
> II - acaba de cometê-la;
>
> III - é perseguido, logo após, pela autoridade, pelo ofendido ou por qualquer pessoa, em situação que faça presumir ser autor da infração;
>
> IV - é encontrado, logo depois, com instrumentos, armas, objetos ou papéis que façam presumir ser ele autor da infração.
>
> Art. 303. Nas infrações permanentes, entende-se o agente em flagrante delito enquanto não cessar a permanência.

A Prisão em Flagrante ultrapassa o CPP, estando presente como Norma na Constituição Federal e em outras leis como na Lei das Organizações Criminosas (Lei nº 9.034/95), a Lei de Drogas (Lei nº 11.343/06), Lei de Lavagens de Capitais (Lei nº 9.613/98), entre outras.

2.3.5.1. Espécies de Flagrantes

O Flagrante possui nove espécies: 1 - facultativo; 2 - obrigatório; 3 - próprio; 4 - impróprio; 5 - presumido; 6 - preparado; 7 - forjado, 8 - esperado; 9 - prorrogado.

1 - Flagrante Facultativo preceitua que qualquer do povo (inclusive a própria vítima), pode efetuar a prisão de quem está praticando o delito ou se encontra em outra hipótese legítima de flagrante. O cidadão exerce o seu regular direito de dar voz de prisão àquele que pratica ou praticou o crime, conforme preceitua o artigo 301 (primeira parte), do Código de Processo Penal;

2 – Flagrante Obrigatório, Compulsório ou Coercitivo, diz respeito àqueles que têm o dever legal de agir, como agentes públicos das forças policiais civis, militares, federais, rodoviários, ferroviária e o corpo de bombeiros militar que devem atuar coercitivamente e compulsoriamente para prender quem estiver em situação de flagrante delito, conforme dispõe a parte final do artigo 301 do Código de Processo Penal;

3 – Flagrante Próprio é o flagrante propriamente dito ou verdadeiro, consolidado no art.302, incisos I e II, do Código de Processo Penal. Ocorre quando o agente é surpreendido praticando a infração ou acaba de cometê-la. É imediato entre a prática do delito e o momento em que é surpreendido;

4 – Flagrante Impróprio, Imperfeito, Quase Flagrante ou Irreal, inscrito no inciso III, do artigo 302 do Código de Processo Penal. Ocorre quando "o agente é perseguido pela autoridade, pelo ofendido ou por qualquer outra pessoa logo após a prática do fato delituoso, em situação que faça presumir ser autor da infração" (Bonfim, p. 406). Segundo o Profº Paulo Rangel (Direito Processual Penal, pg. 591), para a caracterização do Flagrante Irreal são necessários ainda, três outros requisitos: a) volitivo (vontade das pessoas mencionadas no artigo), b) temporal (logo após) e o fático (o agente se encontre em situação que faça presumi-lo autor da infração).

A pedra de toque para caracterizar o Flagrante Impróprio é a expressão "logo após". O Profº Renato Brasileiro de Lima, em seu livro Manual de Direito Processual Penal leciona: "Por logo após compreende-se o lapso temporal que permeia entre o acionamento da autoridade policial, seu comparecimento ao local e a colheita de elementos necessários para que dê início à perseguição do autor" (pg. 1278/1279).

5 – Flagrante Presumido, Assimilado ou Ficto, localizado no inciso IV do art. 302 do Código de Processo Penal, ocorre quando o agente é encontrado logo após a prática do crime, portando instrumentos, armas ou qualquer outro objeto que permita presumir ser o mesmo, o autor da infração, não exigindo perseguição para a sua caracterização.

O Flagrante Presumido pode ocorrer em Comarca diversa daquela onde foi consumado o crime. Esse entendimento encontra respaldo em decisão do Supremo Tribunal Federal. *In verbis*:

> "Em se tratando de flagrante presumido (art. 302, IV, do CPP), como no caso sub judice, a prisão pode ocorrer em localidade diversa daquela onde o crime consumou" (STF. HC 102646/PR. Rel. Min. Luiz Fux. 1ª T. Julg. 02.08.2011).

6 – Flagrante Preparado ou Provocado, ocorre quando o agente é instigado a praticar o crime. Essa conduta caracteriza crime impossível. Nessa modalidade de flagrante, o agente não tem conhecimento que está sendo monitorado, estando a autoridade policial ou um terceiro aguardando apenas o início da execução do crime, para fazer a abordagem e a prisão. Por óbvio essa espécie de flagrante é ilegal, caracterizando impossível, conforme art. 17 do Código Penal, e Súmula 147 do STF. Descoberta a manobra incriminatória, de imediato deverá ser relaxada a prisão;

7 – Flagrante Forjado, Maquiado, Fabricado, Urdido ou Armado, é uma situação falsa de flagrante criada para incriminar alguém, provocando sua prisão. É um flagrante claramente ilícito, onde o verdadeiro criminoso é o agente forjador que pratica o crime de denunciação caluniosa, previsto no art. 339 do Código Penal, e na hipótese desse forjador ser um agente público, caracterizará também o crime de abuso de autoridade, prevista na Lei nº 4.898/65. Da mesma forma como no Flagrante Preparado, quando verificado o falso flagrante (forjado), deverá ser relaxada a prisão de imediato;

8 – Flagrante Esperado ou Retardado ocorre quando a polícia ou terceiro aguarda no local onde ocorrerá a execução do crime, em razão de já haver informação ou ter diligenciado, objetivando a prisão em flagrante. Alguns renomados juristas como Rogério Greco, Renato Brasileiro de Lima, entendem que o Flagrante Esperado pode se tornar Crime Impossível, na hipótese do bem jurídico tutelado esteja sob proteção absoluta, que impossibilite a consumação.

O Supremo Tribunal Federal tem entendimento diverso dos doutrinadores:

> "Não caracteriza flagrante preparado, e sim flagrante esperado, o fato de a Polícia, tendo conhecimento prévio de que o delito estava prestes a ser cometido, surpreende o agente na prática da ação delitiva" (STF. HC 78250/RS. Rel. Min. Maurício Correia. 2ª T. Julg. 15.12.1998).

E ainda:

> "O fato como descrito na denúncia amolda-se ao que a doutrina e jurisprudência têm denominado flagrante esperado, dado que dele não se extrai que o paciente tenha sido provocado ou induzido à prática do crime. Ademais, a denúncia imputa ao paciente outros delitos que, antes do flagrante, já teriam consumado" (STF. HC 86066/PE. Rel. Min. Sepúlveda Pertence. 1ª T. Julg. 06.09.2005).

Mais comum, a atividade policial utiliza o Flagrante Esperado, com respaldo em informações colhidas através de interceptações telefônicas autorizadas judicialmente, com base jurisprudencial. *In verbis*:

> "verifica-se o flagrante esperado na hipótese em que policiais, após obterem, por meio de interceptação telefônica judicialmente autorizada, informações de que quadrilha armada pretende realizar roubo em estabelecimento industrial, consegue, por meio de ação tempestiva, evitar a consumação da empreitada criminosa" (STJ. HC. 84.141/SP. Rel. Min. Felix Fischer. T5. Julg. 20.11.2007).

Também na hipótese de vigilância através de sistemas de monitoramento com câmeras, não ilide a legalidade do flagrante, conforme entendimento jurisprudencial. *In verbis*:

> "A existência de sistema de monitoramento eletrônico ou a observação dos passos do praticante do furto pelos seguranças da loja não rende ensejo, por si só, ao automático reconhecimento da existência de crime impossível, porquanto, mesmo assim, há possibilidade de o delito ocorrer" (STJ. HC 216.114/RJ. Rel. Min. Maria Thereza de Assis Moura. T6. Julg. 07.11.2013).

9 – Flagrante Prorrogado, Retardado, Diferido, Protelado ou por Ação Controlada, mediante autorização judicial, ocorre quando o agente policial retarda o momento da sua ação, para um momento posterior mais oportuno, para a obtenção das provas ou por conveniência da investigação. Essa modalidade de flagrante está prevista no art. 2º, inciso II, da Lei nº 9.034/1995 (organizações criminosas), assim como no art. 53, inciso II, da Lei nº 11.343/06 (drogas) e artigo 4º-B, da Lei nº 9.613/98 (lavagem de capitais).

Alguns juristas não reconhecem o Flagrante Prorrogado como uma modalidade de prisão, tratando-a como mera autorização judicial para retardar o flagrante no sentido de obter informações capazes de sustentar a investigação. Atingido esse objetivo, a autoridade policial representará pela prisão temporária.

2.3.5.2. Apresentação Espontânea

A Apresentação Espontânea ocorre quando alguém após praticar um crime, comparece voluntariamente perante a autoridade policial e relata os fatos.

A Lei 12.403/2011 alterou os artigos 317 e 318 do Código de Processo Penal, impossibilitando a Prisão em Flagrante daquele que se apresente espontaneamente. Apesar do art.317 não mencionar expressamente essa modalidade de prisão, a própria lógica jurídica já impossibilitava essa prisão, pois se há apresentação espontânea não poderá haver prisão em flagrante, estando essas expressões diametralmente opostas por exclusão e não propriamente em razão da lei. Defender posição contrária seria uma contradição jurídica.

Ademais, a Apresentação Espontânea transparece a ausência de *periculum libertatis*, não se inserindo nos comandos do art. 302 do CPP, impedindo assim, a Prisão em Flagrante. Porém, apesar de não ser possível prender em flagrante, a autoridade policial, poderá representar pela Prisão Preventiva (art. 312 do CPP), estando presentes os seus requisitos:

> Art. 312. A prisão preventiva poderá ser decretada como garantia da ordem pública, da ordem econômica, por conveniência da instrução criminal, ou para assegurar a aplicação da lei penal, quando houver prova da existência do crime e indício suficiente de autoria.

2.3.5.3. Investigação Criminal conduzida pelo Delegado de Polícia

LEI Nº 12.830, DE 20 DE JUNHO DE 2013.

Dispõe sobre a investigação criminal conduzida pelo delegado de polícia.

A PRESIDENTA DA REPÚBLICA Faço saber que o Congresso Nacional decreta e eu sanciono a seguinte Lei:

Art. 1º Esta Lei dispõe sobre a investigação criminal conduzida pelo delegado de polícia.

Art. 2º As funções de polícia judiciária e a apuração de infrações penais exercidas pelo delegado de polícia são de natureza jurídica, essenciais e exclusivas de Estado.

§ 1º Ao delegado de polícia, na qualidade de autoridade policial, cabe a condução da investigação criminal por meio de inquérito policial ou outro procedimento previsto em lei, que tem como objetivo a apuração das circunstâncias, da materialidade e da autoria das infrações penais.

§ 2º Durante a investigação criminal, cabe ao delegado de polícia a requisição de perícia, informações, documentos e dados que interessem à apuração dos fatos.

§ 3º (VETADO).

§ 4º O inquérito policial ou outro procedimento previsto em lei em curso somente poderá ser avocado ou redistribuído por superior hierárquico, mediante despacho fundamentado, por motivo de interesse público ou nas hipóteses de inobservância dos procedimentos previstos em regulamento da corporação que prejudique a eficácia da investigação.

§ 5º A remoção do delegado de polícia dar-se-á somente por ato fundamentado.

§ 6º O indiciamento, privativo do delegado de polícia, dar-se-á por ato fundamentado, mediante análise técnico-jurídica do fato, que deverá indicar a autoria, materialidade e suas circunstâncias.

Art. 3º O cargo de delegado de polícia é privativo de bacharel em Direito, devendo-lhe ser dispensado o mesmo tratamento protocolar que recebem os magistrados, os membros da Defensoria Pública e do

Ministério Público e os advogados.

Art. 4º Esta Lei entra em vigor na data de sua publicação.

Brasília, 20 de junho de 2013

Publicado no DOU de 21.6.2013

2.3.6. Provas

Conceito: Prova é o elemento que visa estabelecer a veracidade de um fato ou da prática de um ato que possa influenciar na tipificação do fato delituoso ou na exclusão de culpabilidade ou de antijuridicidade, formando da convicção do juiz, para que possa via a decidir um julgamento.

Prova Ilícita: É produzida antes do processo. É a prova que ofende as regras do Direito Material. A prova ilícita não é admitida no processo. Ex.: confissão através de tortura.

Prova Ilegítima: É produzida dentro do processo. É a prova que ofende o Direito Processual. A prova ilegítima é nula, porém, deve ser declarada. Ex.: depoimento colhido sem a presença de advogado.

2.3.7. O Inquérito Policial segundo o artigo 155 do C.P.P.

> C.P.P. art. 155 - O juiz formará sua convicção pela livre apreciação da prova produzida em contraditório judicial, não podendo fundamentar sua decisão exclusivamente nos elementos informativos colhidos na investigação, ressalvadas as provas cautelares, não repetíveis e antecipadas.

A valoração do inquérito policial vai muito além da materialidade e dos indícios suficientes de autoria para instrumentalizar a propositura de ação penal, seja pelo Ministério Publico ou pelo próprio ofendido. O inquérito policial é juntado à peça inaugural do processo, permitindo ao juiz se inteirar dos fatos. Assim, o Inquérito Policial não figura no processo tão somente como um conjunto de documentos instrumentalizadores para a denúncia ou queixa-crime.

O inquérito possui potencialidade não rara às vezes para dar o rumo ao julgamento, servindo como prova.

Dispõe o art. 155 do Código de Processo Penal com a redação da Lei 11.690/08:

> "o juiz formará sua convicção pela livre apreciação da prova produzida em contraditório judicial, não podendo fundamentar sua decisão exclusivamente nos elementos informativos colhidos na investigação, ressalvadas as provas cautelares, não repetíveis e antecipadas".

O termo "exclusivamente" deve ser interpretado a contrario sensu, ou seja, podendo o juiz dar ao inquérito policial valor probatório decisivo ao seu julgamento, desde que junto a outras provas, respeitados os Princípios do Contraditório e da Ampla Defesa, em consonância com o apurado da investigação preliminar.

Dessa forma, enquanto estiver em vigor o disposto no artigo 155 do C.P.P., o inquérito policial também possui natureza probatória, e não apenas peça de informação.

41

Alguns "*elementos informativos colhidos na investigação*" muitas vezes se constituem verdadeiras provas que fogem ao contraditório judicial, como no caso de uma única testemunha presencial de um crime de homicídio, que depois de ouvida no inquérito policial, e antes de ser ouvida em juízo, falece. Prejudicado o contraditório desse depoimento, o juiz irá se valer do seu depoimento em sede policial, podendo ser decisivo no julgamento.

Aliás, o artigo 155 do C.P.P. se refere textualmente às "*provas cautelares não repetíveis*". Tais argumentos demonstram cabalmente o valor probatório do inquérito policial.

2.3.8. A participação do Advogado no Inquérito Policial

A participação do Advogado é fundamental na assistência ao flagrante, na assistência ao investigado, nas investigações propriamente ditas (exceto quando trouxer riscos à investigação), na apresentação de razões e quesitos, sob pena da prova produzida tornar-se ilícita.

Com as alterações ao art. 7º da Lei 8.906 (Estatuto da Ordem dos Advogados do Brasil), trazidas pela Lei 13.245/2016, a participação do Advogado na fase inquisitorial está bem definida. *In verbis*:

LEI Nº 13.245, DE 12 DE JANEIRO DE 2016

Altera o art. 7º da Lei no 8.906, de 4 de julho de 1994 (Estatuto da Advocacia e a Ordem dos Advogados do Brasil).

Art. 1º O art. 7º da Lei nº 8.906, de 4 de julho de 1994 (Estatuto da Ordem dos Advogados do Brasil), passa a vigorar com as seguintes alterações:

XIV- examinar, em qualquer instituição responsável por conduzir investigação, mesmo sem procuração, autos de flagrante e de investigações de qualquer natureza, findos ou em andamento, ainda que conclusos à autoridade, podendo copiar peças e tomar apontamentos, em meio físico ou digital;

XXI - assistir a seus clientes investigados durante a apuração de infrações, sob pena de nulidade absoluta do respectivo interrogatório ou depoimento e, subsequentemente, de todos os elementos investigatórios e probatórios dele decorrentes ou derivados, direta ou indiretamente, podendo, inclusive, no curso da respectiva apuração:

a) apresentar razões e quesitos;

§ 10. Nos autos sujeitos a sigilo, deve o advogado apresentar procuração para o exercício dos direitos de que trata o inciso XIV.

§ 11. No caso previsto no inciso XIV, a autoridade competente poderá delimitar o acesso do advogado aos elementos de prova relacionados a diligências em andamento e ainda não documentados nos autos, quando houver risco de comprometimento da eficiência, da eficácia ou da finalidade das diligências.

§ 12. **A inobservância aos direitos estabelecidos no inciso XIV, o**

fornecimento incompleto de autos ou o fornecimento de autos em que houve a retirada de peças já incluídas no caderno investigativo implicará responsabilização criminal e funcional por abuso de autoridade do responsável que impedir o acesso do advogado com o intuito de prejudicar o exercício da defesa, sem prejuízo do direito subjetivo do advogado de requerer acesso aos autos ao juiz competente.

[...]"

Obs: Grifamos em negrito as partes de maior relevância a presente obra, inclusive sobre apresentação de quesitos, onde o conhecimento científico sobre Medicina Legal, dá ao operador do Direito melhores condições para elucidação dos fatos em busca da Verdade Real.

2.3.9. Da Convenção Americana de Direitos Humanos

Em 09 de julho de 1992 o Brasil aderiu a Convenção Americana de Direitos Humanos de 22 de novembro de 1969, também conhecida como Pacto de San José da Costa Rica, com 81 artigos, foi adotado pela OEA, por ocasião da Conferência Especializada Interamericana sobre Direitos Humanos, na qual reconhece que os direitos essenciais da pessoa humana, são oriundos da sua condição humana e não da sua nacionalidade. Em 25 de setembro de 1992 o Brasil depositou a Carta de Adesão (Devolveu a Carta assinada à OEA), e Promulgada no Brasil em 06 de novembro de 1992, através do Decreto nº 678, passando a vigorar como Norma Infraconstitucional, ou seja, está no mesmo nível das Leis Ordinárias no Brasil.

Apesar de ratificar o referido Pacto através do Decreto nº 678/1992, o Brasil fez ressalvas ao texto da referida Convenção em alguns artigos que dizem respeito à interferência externa como o direito automático de visitas e inspeções *in loco* da Comissão Interamericana de Direitos Humanos no Brasil.

É de grande relevância ao tema da presente obra, o artigo 7º - *Direito à liberdade pessoal*, em especial os nºs 5 e 6, *in verbis*:

> 5. "Toda pessoa presa, detida ou retida deve ser conduzida, sem demora, à presença de um juiz ou outra autoridade autorizada por lei a exercer funções judiciais e tem o direito de ser julgada em prazo razoável ou de ser posta em liberdade, sem prejuízo de que prossiga o processo. Sua liberdade pode ser condicionada a garantias que assegurem o seu comparecimento em juízo."

> 6. "Toda pessoa privada da liberdade tem direito a recorrer a um juiz ou tribunal competente, a fim de que este decida, sem demora, sobre a legalidade de sua prisão ou detenção e ordene sua soltura, se a prisão ou a detenção forem ilegais. Nos Estados-partes cujas leis preveem que toda pessoa que se vir ameaçada de ser privada de sua liberdade tem direito a recorrer a um juiz ou tribunal competente, a fim de que este decida sobre a legalidade de tal ameaça, tal recurso não pode ser restringido nem abolido. O recurso pode ser interposto pela própria pessoa ou por outra pessoa."

Assim, para a Convenção Americana de Direitos Humanos, a celeridade é fundamental para que a situação jurídica da pessoa privada da liberdade seja avaliada pelo judiciário desde a fase de investigação criminal, o Código de Processo Penal no artigo 282, § 2º veda a atuação do juiz na fase de investigação criminal, podendo atuar tão somente como um segundo garantidor dos direitos fundamentais para analisar a legalidade da prisão em flagrante e convertê-la em prisão preventiva.

> Art. 282. As medidas cautelares previstas neste Título deverão ser aplicadas observando-se a:
>
> § 2º As medidas cautelares serão decretadas pelo juiz, de ofício ou a requerimento das partes ou, quando no curso da investigação criminal, por representação da autoridade policial ou mediante requerimento do Ministério Público. (*Incluído pela Lei nº 12.403, de 2011*).

O Pacto de San Jose da Costa Rica, bem como todos os documentos internacionais de direitos humanos são normas, não se confundindo com dispositivos, que se revertem como um escudo protetor, de garantias contra o abuso do poder de punir do Estado.

O Delegado de Polícia deve exercer a função garantidora dos Tratados e Convenções sobre direitos humanos atuando no controle de convencionalidade e efetivando de fato suas garantias, principalmente a da liberdade, porém, observando o que determina o artigo 322 do CPP que mantém a decretação de ofício da prisão pelo judiciário em sede de investigação criminal.

> C.P.P .- Art. 322. A autoridade policial somente poderá conceder fiança nos casos de infração cuja pena privativa de liberdade máxima não seja superior a 4 (quatro) anos. (*Redação dada pela Lei nº 12.403, de 2011*).
>
> Parágrafo único. Nos demais casos, a fiança será requerida ao juiz, que decidirá em 48 (quarenta e oito) horas.

2.4. O Delegado de Polícia e a Colaboração Premiada

A Lei 12.850, de 02 de agosto de 2013 (Organização Criminosa), define o conceito de Organização Criminosa e dispõe sobre a Investigação Criminal das infrações penais correlatas.

Essa Lei criou alguns novos tipos penais, por conseguinte alterando o Código Penal mais precisamente com relação ao artigo 288 (quadrilha ou bando), incluindo o artigo 288 A, passando a adotar o termo Associação Criminosa. Alterou também, as penas do artigo 342 do C.P. (Falso testemunho ou falsa perícia), aumentando a pena de reclusão passando a ser de dois a quatro anos e multa.

Também revogou a Lei 9.034/95 que dispunha sobre a utilização de meios operacionais para a prevenção e repressão de ações praticadas por organizações criminosas. Com essa inovação, basta que três pessoas se associem e não mais quatro, para prática desses crimes.

Entre as inovações da Lei, o Instituto da Colaboração Premiada, tem principal destaque. Outra significativa inovação é possibilidade dos membros do Ministério Público e os Delegados de Polícia ter acesso, independentemente de autorização judicial, aos dados cadastrais do investigado, a sua qualificação, endereços registrados junto a Justiça Eleitoral, empresas telefônicas, instituições financeiras, provedores de internet e administradoras de cartão de crédito.

A nova Lei menciona a figura do Delegado de Polícia, não mais sendo ele tratado como autoridade policial, passando a agir como protagonista no combate à criminalidade organizada.

O parágrafo 1º, do artigo 1º da Lei 12.850/2013, assim dispõe:

"Art. 1º Esta Lei define organização criminosa e dispõe sobre a investigação criminal, os meios de obtenção da prova, infrações penais correlatas e o procedimento criminal a ser aplicado.

§1º Considera-se organização criminosa a associação de 4 (quatro) ou mais pessoas estruturalmente ordenada e caracterizada pela divisão de tarefas, ainda que informalmente, com objetivo de obter, direta ou indiretamente, vantagem de qualquer natureza, mediante a prática de infrações penais cujas penas máximas sejam superiores a 4 (quatro) anos, ou que sejam de caráter transnacional."

Como se verifica, essa lei visa diretamente aos crimes com penas superiores a 4 (quatro) anos, deixando de fora p.ex. a prática contravencional do "jogo de bicho" que é de conhecimento geral tratar-se de uma organização criminosa. Da mesma forma, fogem aos ditames dessa lei, as quadrilhas que se organizam para fraudar licitações, e tantas outras modalidades de crimes cujas penas são inferiores a 4 (quatro) anos.

Essa lei visa os crimes formais, consumados com a mera associação de pessoas, independentemente da execução dos crimes que motivaram a Organização Criminosa. São crimes comuns e permanentes, razão pela qual permite a Prisão em Flagrante. A vítima é o Estado e toda a sociedade.

Aspecto de grande relevância na lei ora comentada, reside na expressão "divisão de tarefas", no teor do parágrafo 1º do artigo 1º. Essa expressão afasta definitivamente a possibilidade de haver participação no crime, pois ocorrendo divisão de tarefas, cada elemento contribui de forma decisiva para a obtenção do resultado, sendo assim coautor do crime.

A Teoria do Domínio Final do Fato está visivelmente presente na Lei 12.850/2013, como se observa em seu parágrafo 3º do artigo 2º, sobre o agravamento da pena em razão do agente exercer "comando, individual ou coletivo, da organização criminosa, ainda que não pratique pessoalmente atos de execução", assim, tanto o agente que pratica a conduta criminosa propriamente dita, como aquele que mesmo remotamente tem o poder de decisão são autores. Esse comando da norma permite ao magistrado, maior condição de aplicabilidade da sanção, vindo ao encontro das aspirações da sociedade.

Diversas outras circunstâncias elencadas nessa lei, dão a

dimensão da ferramenta jurídica disponível aos seus operadores (Delegados de Polícia, Promotores de Justiça e Magistrados), como p.ex. no parágrafo 1º, do artigo 2º da Lei: "Nas mesmas penas incorre quem impede ou, de qualquer forma, embaraça a investigação de infração penal que envolva organização criminosa."

Assim, na prática o indivíduo mesmo não ligado à organização criminosa, mas que se preste a servir de informante sobre a atuação policial ou mesmo ser mensageiro, incorrerá nas mesmas penas.

Havendo indícios de envolvimento de policiais com o crime organizado, deverá ser instaurado Inquérito Policial pela Corregedoria de Polícia, comunicando ao Ministério Público para acompanhamento do feito até a sua conclusão, conforme estabelece o art. 2º, parágrafo 7º da referida Lei.

Outro fato inovador trazido por esta Lei quanto à relevância da atuação do Delegado de Polícia nos autos do Inquérito, está na Seção I (Da Colaboração Premiada), em seu artigo 4º, parágrafo 2º - *in verbis*:

> Considerando a relevância da colaboração prestada, o Ministério Público, a qualquer tempo, e o delegado de polícia, nos autos do inquérito policial, com a manifestação do Ministério Público, poderão requerer ou representar ao juiz pela concessão de perdão judicial ao colaborador, ainda que esse benefício não tenha sido previsto na proposta inicial, aplicando-se, no que couber, o art. 28 do Decreto-Lei nº 3.689, de 3 de outubro de 1941 (Código de Processo Penal).

A **Colaboração Premiada** possibilita agilizar a investigação criminal ao Delegado de Polícia, permite ao membro do Parquet mais subsídios para a formulação da Denúncia, e ao próprio investigado que colabore efetivamente, até mesmo o beneficiado com o perdão judicial, com a extinção da sua punibilidade, ou ter sua pena reduzida em até dois terços ou ainda, substituída por outra pena restritiva de direitos.

Preservando a imparcialidade do Juiz, o parágrafo 6º, do artigo 4º, determina que ele não poderá participar da formalização do acordo, sendo responsável apenas pela sua homologação, desde que preenchidos os requisitos. *In verbis*:

> § 6º - O juiz não participará das negociações realizadas entre as partes para a formalização do acordo de colaboração, que ocorrerá entre o delegado de polícia, o investigado e o defensor, com a manifestação do Ministério Público, ou, conforme o caso, entre o Ministério Público e o investigado ou acusado e seu defensor da Lei.

Assim, deverá ser lavrado pelo Delegado de Polícia ou pelo representante do Ministério Público, um Termo de Colaboração contendo um relato da colaboração e seus possíveis resultados; as condições da proposta do Delegado de Polícia ou do Ministério Público; a declaração de aceitação do colaborador e de seu defensor; as assinaturas do Delegado de Polícia ou do representante do Ministério Público, do colaborador e de seu defensor; e ainda, as medidas de proteção ao colaborador e a sua família, caso necessário, conforme o artigo 6º, Incisos I ao V da Lei 12.850/2013.

Somente após a homologação pelo Juiz do acordo firmado através do devido Termo pelo colaborador é que este efetivamente prestará as informações para as investigações, na presença do seu advogado, e renunciando expressamente ao seu direito em permanecer calado, devendo revelar a estrutura hierárquica da organização criminosa, identificar os demais autores ou partícipes, propiciando a recuperação do produto ou proveito das infrações penais praticadas etc.. Caso o colaborador falte com a verdade, responderá por falso testemunho.

Somente ao final da instrução processual é que o Juiz ao ter analisado a eficácia da colaboração, irá decidir sobre o quanto o colaborador será beneficiado, até porque o parágrafo 10º do artigo 4º, determina que "As partes podem retratar-se da proposta, caso em que as provas autoincriminatórias produzidas pelo colaborador não poderão ser utilizadas exclusivamente em seu desfavor."

Obs. Nessa hipótese, as provas não poderão ser usadas em desfavor do colaborador, porém, poderão ser utilizadas em desfavor dos demais integrantes da organização criminosa.

Obs. Pelo parágrafo 3º do artigo 4º da Lei 12.850/2013, o prazo para o oferecimento da Denúncia poderá ser suspenso por 6 (seis) meses, prorrogáveis por igual período.

> § 3º - O prazo para oferecimento de denúncia ou o processo, relativos ao colaborador, poderá ser suspenso por até 6 (seis) meses, prorrogáveis por igual período, até que sejam cumpridas as medidas de colaboração, suspendendo-se o respectivo prazo prescricional.

Caso o investigado preste a colaboração após a sentença, a pena poderá ser reduzida até a metade ou será admitida a progressão de regime, ainda que ausentes os requisitos objetivos (art. 4º, parágrafo 5º da Lei 12.850/2013).

Encaminhado o Termo ao Poder Judiciário de forma sigilosa sobre o colaborador e o objeto da colaboração, será aberta vista ao Ministério Público.

Após a homologação do acordo, e no desenrolar das investigações sobre o objeto da colaboração e até o seu final, o Delegado de Polícia pode, a depender da eficácia da colaboração prestada, representar pela concessão de perdão judicial, ainda que esse benefício não tenha sido previsto na proposta inicial (art. 4º, § 2º). Para tanto, a Autoridade de Polícia Judiciária deverá demonstrar os resultados obtidos por meio da colaboração, deixando clara a proporcionalidade existente entre os meios e os fins atingidos.

Com o advento da Lei 12.850/2013, as atribuições do Delegado de Polícia foram estendidas, podendo representar, inclusive pela extinção da punibilidade do investigado.

Em 21/06/2018 o Supremo Tribunal Federal por maioria, considerou constitucional a realização de acordos de colaboração premiada na fase de inquérito policial por delegado de polícia, mantendo assim, o que já dispões a lei. Essa decisão se deu em razão de ação proposta pela PGR questionando dispositivos da Lei 12.850/13, que dispõe sobre organização criminosa e colaboração premiada.

De acordo com a decisão do STF, a formulação de proposta de colaboração premiada pela autoridade policial como

meio de obtenção de prova não interfere na atribuição constitucional do Ministério Público como titular da ação penal e de
decidir sobre o oferecimento da denúncia.

Restou decidido pelos Ministros na ADI 5.508, que,
mesmo o delegado de polícia propondo ao colaborador a redu-
ção da pena ou o perdão judicial, a concretização desses bene-
fícios é atribuição exclusiva do juiz, cabendo-lhe homologar
ou não o acordo, após avaliar a proposta e exercer o controle
das cláusulas que eventualmente possam ser desproporcio-
nais, abusivas ou ilegais, por tratar-se de pronunciamentos
privativos do Poder Judiciário. Importante salientar que apesar de não ser obrigatória a presença do Ministério Público em
todas as fases da elaboração dos acordos entre o delegado de
polícia e o colaborador, é indispensável a manifestação do MP.

2.4.1. A Ação Controlada

O instituto da Ação Controlada, previsto nos artigos 8º e 9º da referida Lei, apesar de não ser uma inovação no ordenamento jurídico, permite o retardamento da intervenção policial, para não prejudicar a obtenção de provas e informações, aguardando o momento mais propício para intervir, desde que informado o Juiz e ao Ministério Público, e ao final, sendo elaborado pelo Delegado de Polícia um Auto Circunstanciado com o relato de toda a ação.

> Art. 9º Se a ação controlada envolver transposição de fronteiras, o retardamento da intervenção policial ou administrativa somente poderá ocorrer com a cooperação das autoridades dos países que figurem como provável itinerário ou destino do investigado, de modo a reduzir os riscos de fuga e extravio do produto, objeto, instrumento ou proveito do crime.

2.4.2. A Infiltração de Agentes Policiais

A Infiltração de Agentes Policiais é outro meio que a Lei 12.850/2013 implantou para investigar as organizações criminosas. Deverá ser autorizada pelo Juiz de forma sigilosa, através de representação do Delegado de Polícia, devendo demonstrar indícios da infração penal prevista no seu artigo 1º, a necessidade da medida, o alcance das tarefas do agente, a qualificação dos investigados (se possível), o local da infração e a impossibilidade da prova ser produzida por outros meios de investigação.

O prazo para prática de infiltração é de 6 (seis) meses, podendo ser prorrogado conforme a necessidade de cada caso. O agente infiltrado não deverá ser identificado, e poderá responder por eventuais excessos por ele praticados ao longo da investigação.

2.4.3. Acesso a Registros, Dados Cadastrais, Documentos e Informações

Outra inovação trazida pela Lei 12.850/2013 foi a possibilidade do Delegado de Polícia ter livre acesso aos dados cadastrais do investigado, sem necessitar representar ao Juiz, exceto o acesso às informações protegidas pelo sigilo bancário e telefônico, que necessitam de autorização judicial.

> Art. 15. O delegado de polícia e o Ministério Público terão acesso, independentemente de autorização judicial, apenas aos dados cadastrais do investigado que informem exclusivamente a qualificação pessoal, a filiação e o endereço mantidos pela Justiça Eleitoral, empresas telefônicas, instituições financeiras, provedores de internet e administradoras de cartão de crédito.

A recusa ao acesso a essas informações poderá caracterizar crime conforme art. 21 do mesmo diploma legal.

> Art. 21. Recusar ou omitir dados cadastrais, registros, documentos e informações requisitadas pelo juiz, Ministério Público ou delegado de polícia, no curso de investigação ou do processo:
>
> Pena - reclusão, de 6 (seis) meses a 2 (dois) anos, e multa.

Outras inovações de grande importância para as investigações, trazidas pela Lei 12.850/2013 estão nos artigos 16 e 17, *in verbis*:

> Art. 16. As empresas de transporte possibilitarão, pelo prazo de 5 (cinco) anos, acesso direto e permanente do juiz, do Ministério Público ou do delegado de polícia aos bancos de dados de reservas e registro de viagens.
>
> Art. 17. As concessionárias de telefonia fixa ou móvel manterão, pelo prazo de 5 (cinco) anos, à disposição das autoridades mencionadas no art. 15, registros de identificação dos números dos terminais de origem e de destino das ligações telefônicas internacionais, interurbanas e locais.

Dessa forma, a Investigação Criminal passa a ter subsídios para rastrear os investigados durante um longo período, dificultando em muito as articulações das associações criminosas.

Por derradeiro, a Lei fixa o prazo para a conclusão da instrução criminal, e ainda, que os crimes previstos nesta Lei e as infrações penais conexas serão apurados mediante procedimento ordinário previsto no Código de Processo Penal, observado o disposto no parágrafo único deste artigo, atrelando a investigação realizada pelo Ministério Público ao procedimento previsto no Inquérito Policial, presidido pelo Delegado de Polícia.

> Art. 22. [...] Parágrafo único. A instrução criminal deverá ser encerrada em prazo razoável, o qual não poderá exceder a 120 (cento e vinte) dias quando o réu estiver preso, prorrogáveis em até igual período, por decisão fundamentada, devidamente motivada pela complexidade da causa ou por fato procrastinatório atribuível ao réu.

2.5. Testemunho

Na fase de Inquérito Policial o Testemunho segue o previsto no Código de Processo Penal (artigos 202 a 225), no que for aplicável.

Assim, cabe destacar os seguintes artigos:

> Art. 202. Toda pessoa poderá ser testemunha.
>
> Art. 203. A testemunha fará, sob palavra de honra, a promessa de dizer a verdade do que souber e lhe for perguntado, devendo declarar seu nome, sua idade, seu estado e sua residência, sua profissão, lugar onde exerce sua atividade, se é parente, e em que grau, de alguma das partes, ou quais suas relações com qualquer delas, e relatar o que souber, explicando sempre as razões de sua ciência ou as circunstâncias pelas quais possa avaliar-se de sua credibilidade.
>
> Art. 204. O depoimento será prestado oralmente, não sendo permitido à testemunha trazê-lo por escrito.
>
> Parágrafo único. Não será vedada à testemunha, entretanto, breve consulta a apontamentos.
>
> Art. 205. Se ocorrer dúvida sobre a identidade da testemunha, o juiz procederá à verificação pelos meios ao seu alcance, podendo, entretanto, tomar-lhe o depoimento desde logo.

Obs: *In casu:* "... a autoridade policial procederá à verificação..."

> Art. 206. A testemunha não poderá eximir-se da obrigação de depor. Poderão, entretanto, recusar-se a fazê-lo o ascendente ou descendente, o afim em linha reta, o cônjuge, ainda que desquitado, o irmão e o pai, a mãe, ou o filho adotivo do acusado, salvo quando não for possível, por outro modo, obter-se ou integrar-se a prova do fato e de suas circunstâncias.

Obs: As pessoas elencadas no art. 206 do C.P.P. não prestam depoimento, pois não prestam compromisso de falarem a verdade sob pena de serem processadas. Elas devem ser ouvidas por Termo de Declaração. Da mesma forma, o Investigado sendo ouvido preliminarmente antes do interrogatório também não presta compromisso legal, deve ser ouvido na condição de Declarante.

Em suma: Prestando compromisso, será ouvido como Depoente por Termo de Depoimento - art. 203. Já nas hipóteses do art. 206 do mesmo diploma legal, por não prestar compromisso, será ouvido por Termo de Declaração.

> Art. 207. São proibidas de depor as pessoas que, em razão de função, ministério, ofício ou profissão, devam guardar segredo, salvo se, desobrigadas pela parte interessada, quiserem dar o seu testemunho.
>
> Art. 208. Não se deferirá o compromisso a que alude o art. 203 aos doentes e deficientes mentais e aos menores de 14 (quatorze) anos, nem às pessoas a que se refere o art. 206.

Havendo nova inquirição, deve essa ser realizada através de "Termo de Reinquirição", momento em que é aberta oportunidade de Ratificação dos depoimentos ou declarações anteriores ou mesmo, a sua ratificação.

Quando a autoridade policial constata a existência de divergências nos depoimentos sobre fatos importantes da investigação, é através do Termo de Acareação que deverão ser consignadas as respostas divergentes das partes, assim como a confirmação ou a modificação das respostas, com o fito de esclarecer os fatos divergentes.

Outro importante Termo é o de Reconhecimento de Pessoas e Coisas, podendo ser de forma presencial ou fotográfica, para dar cumprimento ao artigo 226 a 228 do C.P.P.

> Art. 226. Quando houver necessidade de fazer-se o reconhecimento de pessoa, proceder-se-á pela seguinte forma:
>
> I - a pessoa que tiver de fazer o reconhecimento será convidada a descrever a pessoa que deva ser reconhecida;
>
> II - a pessoa, cujo reconhecimento se pretender, será colocada, se possível, ao lado de outras que com ela tiverem qualquer semelhança, convidando-se quem tiver de fazer o reconhecimento a apontá-la;
>
> III - se houver razão para recear que a pessoa chamada para o reconhecimento, por efeito de intimidação ou outra influência, não diga a verdade em face da pessoa que deve ser reconhecida, a autoridade providenciará para que esta não veja aquela;

IV - do ato de reconhecimento lavrar-se-á auto pormenorizado, subscrito pela autoridade, pela pessoa chamada para proceder ao reconhecimento e por duas testemunhas presenciais.

Parágrafo único. O disposto no no III deste artigo não terá aplicação na fase da instrução criminal ou em plenário de julgamento.

Art. 227. No reconhecimento de objeto, proceder-se-á com as cautelas estabelecidas no artigo anterior, no que for aplicável.

Art. 228. Se várias forem as pessoas chamadas a efetuar o reconhecimento de pessoa ou de objeto, cada uma fará a prova em separado, evitando-se qualquer comunicação entre elas.

Em consonância com o art. 228, está o art. 210 do mesmo diploma legal.

Art. 210. As testemunhas serão inquiridas cada uma de per si, de modo que umas não saibam nem ouçam os depoimentos das outras, devendo o juiz adverti-las das penas cominadas ao falso testemunho.

Parágrafo único. Antes do início da audiência e durante a sua realização, serão reservados espaços separados para a garantia da incomunicabilidade das testemunhas.

No Inquérito Policial, a aplicabilidade dessa medida é de grande importância. As testemunhas devem ser inquiridas individualmente, sem que uma tenha conhecimento do teor do depoimento das outras.

É vedada a possibilidade de participação da Defesa no ato do interrogatório das testemunhas no Inquérito Policial, tendo em vista não haver contraditório, porém, é possível à Defesa arguir circunstâncias ou defeitos, conforme prevê o art. 214, evitando assim algum possível vício que possa vir a contaminar a peça inquisitorial. *In verbis:*

Art. 214. Antes de iniciado o depoimento, as partes poderão contraditar a testemunha ou arguir circunstâncias ou defeitos, que a tornem suspeita de parcialidade, ou indigna de fé. O juiz fará consignar a contradita ou arguição e a resposta da testemunha, mas só excluirá a testemunha ou não lhe deferirá compromisso nos casos previstos nos arts. 207 e 208.

A investigação preliminar é um instrumento de poucas formalidades, assim a oitiva de testemunhas em depoimentos ou declarações, podem ser substituídas pelos relatos de diligências realizadas pelos agentes investigadores. Como é comum em certas hipóteses, o comparecimento de testemunhas é dispensado perante a autoridade policial, bastando a elaboração da informação policial sobre os fatos, tendo em vista tratar-se ainda de investigação preliminar, diferente do procedimento na fase processual, conforme determina o art. 215 do C.P.P. *in verbis:* "Art. 215. Na redação do depoimento, o juiz deverá cingir-se, tanto quanto possível, às expressões usadas pelas testemunhas, reproduzindo fielmente as suas frases".

Quanto ao Registro do Ato de Interrogatório, este pode ser realizado por qualquer meio, inclusive através de gravações e vídeos, garantido assim, maior fidelidade das declarações, sendo reduzido a termo apenas o comparecimento do interrogado. Com os avanços tecnológicos que veem ocorrendo, inclusive com a introdução do processo eletrônico no Poder Judiciário e nas Polícias Judiciárias, em breve, questões controversas quanto a lisura dos depoimentos, possíveis vícios ou excessos, deixarão de existir. Essa mesma tecnologia também facilita a oitiva de testemunhas fora da sede onde tramita o inquérito policial, através de vídeos conferências, propiciando maior celeridade do que quando realizadas através de expedições de Cartas Precatórias, inclusive, eliminando o risco de não atingir o objetivo, por possível falha da autoridade policial deprecada, em não abordar alguns pontos que certamente a autoridade policial deprecante almeja elucidar. Da mesma forma, possibilita e facilita a aplicação do disposto no artigo 220 do C.P.P. *In verbis:* "Art. 220. As pessoas impossibilitadas, por enfermidade ou por velhice, de comparecer para depor, serão inquiridas onde estiverem".

A Lei nº 11.900, de 8 de Janeiro de 2009, que alterou o C.P.P. prevendo a possibilidade de realização de interrogatório e outros atos processuais por sistema de videoconferência, incluiu o parágrafo 3º no artigo 222, assim dispôs:

Art. 222. A testemunha que morar fora da jurisdição do juiz será inquirida pelo juiz do lugar de sua residência, expedindo-se, para esse fim, carta precatória, com prazo razoável, intimadas as partes.

§ 3º. Na hipótese prevista no caput deste artigo, a oitiva de testemunha poderá ser realizada por meio de videoconferência ou outro recurso tecnológico de transmissão de sons e imagens em tempo real, permitida a presença do defensor e podendo ser realizada, inclusive, durante a realização da audiência de instrução e julgamento

O mesmo se aplica na hipótese de testemunhas localizadas no exterior, evitando assim, dificuldades com a expedição de Cartas Rogatórias (artigo 222-A do C.P.P), ou com outro qualquer pedido de auxílio direto, podendo o ato ser realizado por qualquer meio disponível de transmissão de imagens, como p.ex.Skype, etc.

Importante salientar que para algumas testemunhas, em razão da sua condição pessoal, possuem regras específicas, previstas no artigo 221 do C.P.P. *In verbis:*

Art. 221. O Presidente e o Vice-Presidente da República, os senadores e deputados federais, os ministros de Estado, os governadores de Estados e Territórios, os secretários de Estado, os prefeitos do Distrito Federal e dos Municípios, os deputados às Assembleias Legislativas Estaduais, os membros do Poder Judiciário, os ministros e juízes dos Tribunais de Contas da União, dos Estados, do Distrito Federal, bem como os do Tribunal Marítimo serão inquiridos em local, dia e hora previamente ajustados entre eles e o juiz.

Nessas regras, destacam-se: algumas autoridades prestam depoimento em dia e hora ajustados entre elas e o juiz; em sendo integrantes dos altos cargos da República (presidente, vice-presidente, presidentes do Senado Federal, Câmara dos Deputados e Supremo Tribunal Federal), a legislação processual lhes faculta a opção pelo depoimento por escrito.

Deve ser destacado aqui ainda que a Lei 13.327/2016, em seu artigo 38, ao tratar das prerrogativas concedidas aos ocupantes dos cargos de advogado da União, procurador da Fazenda Nacional, procurador Federal e procurador do Banco Central, estabeleceu, em seu inciso VI:

VI - os ocupantes dos cargos de Advogado da União, Procurador da Fazenda Nacional, Procurador Federal e Procurador do Banco Central devem ser ouvidos, como testemunhas, em dia, hora e local previ-

amente ajustados com o magistrado ou com a autoridade competente, no caso o Delegado de Polícia Federal.

Já os servidores públicos e militares, nos termos dos parágrafos 2° e 3°, devem ter sua intimação comunicada à autoridade superior/chefe da repartição para apresentação:

> § 2º Os militares deverão ser requisitados à autoridade superior;
>
> § 3º Aos funcionários públicos aplicar-se-á o disposto no art. 218, de-
> vendo, porém, a expedição do mandado ser imediatamente comuni-
> cada ao chefe da repartição em que servirem, com indicação do dia e
> da hora marcados.

Outro ponto interessante diz respeito a questão da ausência da testemunha regularmente intimada:

> Art. 218. Se, regularmente intimada, a testemunha deixar de com-
> parecer sem motivo justificado, o juiz poderá requisitar à autoridade
> policial a sua apresentação ou determinar seja conduzida por oficial
> de justiça, que poderá solicitar o auxílio da força pública.

3. MODELOS DE PORTARIAS E TERMO DE REPRESENTAÇÃO E MODELOS DE AUTOS DE EXAME DE CORPO DE DELITO

Portaria

Tendo chegado ao meu conhecimento que, no dia......do corrente mês, por volta das .... horas, no lugar, ... do Município de ...., Estado ......, ... foi vítima de tentativa de homicídio, praticado por............., o qual usou uma foice, tendo sido socorrida no Hospital Municipal............. Determino que se instaure Inquérito Policial a respeito para a devida elucidação do fato e sejam tomadas as seguintes providências inicias:

Tomar por termo as declarações do ofendido que se encontra nesta Distrital.

Encaminhar a vítima para ser submetido a exame médico-legal, solicitando ao Senhor Diretor do Instituto Médico Legal remessa do respectivo laudo, no prazo mais breve possível.

Expedição de Ordem de serviço ao policial .... para proceder as investigações em torno da a ocorrência.

Prossiga-se nos demais termos legais.

Autuada a presente portaria, C UM P RA - S E.

Local: _____de_____ do 2___.

_____
Delegado de Polícia

Portaria

Chegando a meu conhecimento, por intermédio do Boletim de Ocorrência nº ...., datado de .... de .... do ano ...., que a Prefeitura Municipal de .... encaminhou a esta Delegacia a sindicância administrativa que apurou o desaparecimento de um bem público (computador), cujos indícios levaram a crer na existência de crime de peculato, aparecendo o nome do funcionário público.................... como provável autor. Determino ao escrivão do meu cargo que se instaure Inquérito Policial à respeito do fato delituoso, a fim de apurar a responsabilidade criminal. Que sejam tomadas as seguintes providências:

Intime-se o presidente da sindicância administrativa da Prefeitura Municipal de Cariacica para amanhã às 15h apresentar-se nesta Delegacia para prestar declarações;

A seguir, retornem-se os autos conclusos para ulteriores determinações. CUMPRA-SE.

Local _____

Data _____

_____
Delegado de Polícia

Portaria

Tendo........................, brasileiro, casado, comerciante, residente e domiciliado na rua ...., nesta, Estado do ...., vindo a minha presença para representar contra...................... (qualificação), por ter este agredido seu filho menor de 18 anos. Determino ao escrivão do meu cargo que autue, esta, lavre Termo de Representação. Em seguida, intime-se o ofendido para amanhã para apresentar-se amanhã às...... hs. nesta Delegacia para prestar declarações e submeter-se a exame de corpo de delito; Oficia-se ao Senhor Diretor do Instituto Médico Legal requisitando o exame pericial com a maior brevidade; Prossiga-se no demais termo legais. CUMPRA-SE NA FORMA DA LEI.

Local

—————————————————,

Data

————————————

—————————————————————————
Delegado de Polícia

Portaria

Chegando ao meu conhecimento, através do Boletim de ocorrência nº........., de que no dia.................., por volta das ....hs., os policiais militares ....e.................RGS.......................e.................... ....respectivamente, apreenderam em uma blitz, na favela ...., neste município um revólver marca................, calibre.............., cano com.................... polegadas, n ...., capacidade para .... tiros, que se encontrava no interior de um barraco desocupado, razão pela qual baixo a presente Portaria, instaurando inquérito policial e, determino ao escrivão do meu cargo as seguintes providências:

Comunicar ao departamento de armas e munição a cerca da apreensão da arma; Oficia-se ao senhor CMT da polícia militar, solicitando apresentação dos policiais supra mencionado às.......h, do dia .... a fim de ser ouvido em depoimento no cartório desta delegacia;

Proceda-se o exame pericial da arma; Em seguida, retornem.

Local: _____

Data _____

_____

DELEGADO DE POLÍCIA

Termo de Representação

Aos .... dias do mês de ...., do ano de ...., neste município do estado do ...., na .... delegacia de polícia, onde se achava o Dr....................., delegado de polícia, comigo escrivão do seu cargo, abaixo assinado, às...........hs, compareceu.................... (qualificação), com....anos de idade, o qual disse que queria representar contra .... (qualificação), por ter este agredido o seu filho ...., de 15 anos, o fato ocorreu no lugar..................., no dia..........., às .... Disse ainda o representante que não dispunha de recursos necessários para prover o processo e por isso solicitava que fosse aberto o competente inquérito sobre o fato. Nada mais havendo, mandou o delegado lavrar este termo que, depois de lido e achado conforme vai assinado pele Autoridade e pelo Representante.

_____
Delegado de Polícia

_____
Representante

SECRETARIA DE ESTADO DA POLÍCIA CIVIL
DEPARTAMENTO DE POLÍCIA TÉCNICO - CIENTÍFICA
INSTITUTO MÉDICO LEGAL

VISTO

_____
DIRETOR

AUTO DE EXAME DE CORPO DE DELITO (LESÃO CORPORAL)

Nº ....

Diretor do IAP
1º Perito Legista
2º Perito Legista

Autoridade Requisitante
Requisição nº   , de   de   de 19

Aos   dias do mês de   do ano de mil novecentos
e   ,pelo Diretor foram designados os peritos   aci
ma para proceder a exame de lesão corporal em

a fim de ser atendida a requisição   supra ,
descrevendo com verdade e com todas as circunstâncias o que   en
contrarem, descobrirem e observarem e, bem assim, para responder
aos seguintes quesitos:

PRIMEIRO - Se há ofensa à integridade corporal ou à saúde do paciente;
SEGUNDO - Qual o instrumento ou meio que produziu a ofensa;
TERCEIRO - Se foi produzida por meio de veneno, fogo, explosivo,
           asfixia ou tortura ou por outro meio insidioso   ou
           cruel (resposta especificada);
QUARTO   - Se resultou incapacidade para ocupações habituais por
           mais de trinta dias;
QUINTO   - Se resultou perigo de vida;
SEXTO   - Se resultou debilidade permanente ou perda ou   inutí
           lização de membro,sentido ou função (resposta especificada);
SÉTIMO   - Se resultou incapacidade permanente para o   trabalho
           ou enfermidade incurável ou deformidade   permanente
           (resposta especificada);

Em consequência, passaram os peritos a fazer o exame orde
nado e investigações que julgaram necessárias, findos os quais de
clararam:

69

ESTADO DO
SECRETARIA DE ESTADO DA POLICIA CIVIL
DGPC — DEPARTAMENTO DA POLICIA TÉCNICA
INSTITUTO MÉDICO-LEGAL

VISTO

_____
DIRETOR

Auto de exame de corpo de delito (conjunção carnal)

Diretor do IAP: —

1.º Perito legista

2.º Perito legista

Autoridade requisitante: —

Requisição n.º   , de   de   de 19

   Aos   dias do mês de   do ano de mil

novecentos e   , pelo Diretor foram designados

os peritos acima para proceder a exame de conjunção carnal em

a fim de ser atendida a requisição supra, descrevendo com verdade, e com todas as circunstân-

cias, o que encontrarem, descobrirem e observarem e, bem assim, para responder aos seguin-

tes quesitos: —

PRIMEIRO: — Se a paciente é virgem;

SEGUNDO: — Se há vestígios de desvirginamento recente;

TERCEIRO: — Se há outros vestígios de conjunção carnal recente;

QUARTO : — Se há vestígios de violência e, no caso afirmativo, qual o meio empregado;

QUINTO : — Se da violência resultou para a vítima incapacidade para as ocupações habi-

            tuais por mais de trinta dias, ou perigo de vida, ou debilidade permanente ou

            perda, inutilização de membro, sentido ou função, ou incapacidade perma-

            nente para o trabalho, ou enfermidade incurável, ou deformidade permanente,

            ou aceleração de parto, ou aborto (resposta especificada);

SEXTO : — Se a vítima é alienada ou débil mental;

SÉTIMO : — Se houver outra causa, diversa de idade não mais de quatorze anos, alienação

            ou debilidade mental, que a impossibilitasse de oferecer resistência.

ESTADO DO
SECRETARIA DE ESTADO DA POLICIA CIVIL
DGPC — DEPARTAMENTO DA POLICIA TÉCNICA
INSTITUTO MÉDICO-LEGAL

V I S T O

....
DIRETOR

Auto de exame de corpo de delito (atentado ao pudor)

Diretor do IAP

1.º Médico-legista:

2.º Médico-legista:

Autoridade requisitante:

Requisição n.º   , de   de   de 19

        Aos   dias do mês de   do ano de

mil novecentos e   pelo Diretor foram designados

os peritos acima para proceder a exame de atentado ao pudor em

a fim de ser atendida a requisição supra, descrevendo com verdade, e com todas as cir-

cunstâncias, o que encontrarem, descobrirem e observarem, e, bem assim, para responder

aos seguintes quesitos:

PRIMEIRO: Se há vestígio de ato libidinoso.

SEGUNDO: Se há vestígio de violência e, no caso afirmativo, qual o meio empregado:

TERCEIRO: Se da violência resultou para a vítima incapacidade para as ocupações habituais por mais de trinta dias, ou perigo de vida, ou debilidade permanente ou
perda ou inutilização do membro, sentido ou função, ou incapacidade permanente para o trabalho, ou enfermidade incurável, ou deformidade permanente
(resposta especificada);

QUARTO: Se a vítima é alienada ou débil mental;

QUINTO: Se houve outra causa, diversa da idade não maior de quatorze anos, alienação ou
debilidade mental, que a impossibilitasse de oferecer resistência.

71

ROGÉRIO SILVA MAIA

ESTADO DO
SECRETARIA DE ESTADO DA POLICIA CIVIL
DGPC — DEPARTAMENTO DA POLICIA TECNICA
INSTITUTO MÉDICO-LEGAL

VISTO

....
DIRETOR

Auto de exame de corpo de delito (aborto)

Diretor do IAP:

1.º Médico-legista:

2.º Médico-legista:

Autoridade requisitante:

Requisição n.º .... , de ...... de .... de 19

    Aos .... dias do mês de .... do ano de
mil novecentos e .... , pelo Diretor foram designados
os peritos acima para proceder a exame de aborto em

a fim de ser atendida a requisição supra, descrevendo com verdade, e com todas as
circunstâncias, o que encontrarem, descobrirem e observarem, e, bem assim, para responder
aos seguintes quesitos:

PRIMEIRO: Se há vestígios de provocação de aborto;

SEGUNDO: Qual o meio empregado;

TERCEIRO: Se, em conseqüência do aborto ou do meio empregado para provocá-lo, sofreu a
gestante incapacidade para as ocupações habituais por mais de trinta dias,
ou perigo de vida, ou debilidade permanente ou perda, ou inutilização de
membro, sentido ou função, ou incapacidade permanente para o trabalho, ou
enfermidade incurável, ou deformidade permanente (resposta especificada);

QUARTO: Se não havia outro meio de salvar a vida da gestante (no caso de aborto praticado
por médico);

QUINTO: Se a gestante é alienada ou débil mental.

72

4. PERÍCIAS

P ara o operador do Direito Penal, conhecer alguns aspectos sobre Perícia é de suma importância, tanto para a defesa como para a acusação. Saber elaborar Quesitos é fundamental para a busca da verdade real.

Elemento de extrema importância na fase de inquérito é a Perícia. O Código de Processo Penal em seu artigo 6º elenca em seus incisos os procedimentos que deverão ser observados pela autoridade policial logo que chegar ao seu conhecimento a prática do crime.

In verbis:

> Art. 6º Logo que tiver conhecimento da prática da infração penal, a autoridade policial deverá:
>
> I - dirigir-se ao local, **providenciando para que não se alterem o estado e conservação das coisas, até a chegada dos peritos criminais**;
>
> II - **apreender os objetos que tiverem relação com o fato**, após liberados pelos peritos criminais;
>
> III - **colher todas as provas que servirem para o esclarecimento do fato e suas circunstâncias**;
>
> IV - ouvir o ofendido;
>
> V - ouvir o indiciado, com observância, no que for aplicável, do disposto no Capítulo III do Título VII, deste Livro, devendo o respectivo termo ser assinado por duas testemunhas que lhe tenham ouvido a leitura;
>
> VI - proceder a reconhecimento de pessoas e coisas e a acareações;
>
> VII - determinar, se for caso, que se proceda a **exame de corpo de delito e a quaisquer outras perícias**;

VIII - ordenar a **identificação do indiciado pelo processo datiloscópico**, se possível, e fazer juntar aos autos sua folha de antecedentes;

IX - averiguar a vida pregressa do indiciado, sob o ponto de vista individual, familiar e social, sua condição econômica, sua atitude e estado de ânimo antes e depois do crime e durante ele, e quaisquer outros elementos que contribuírem para a apreciação do seu temperamento e caráter.

X - colher informações sobre a existência de filhos, respectivas idades e se possuem alguma deficiência e o nome e o contato de eventual responsável pelos cuidados dos filhos, indicado pela pessoa presa.

Obs. Destaques em negrito.

Existem crimes que não deixam vestígios são chamados de transeuntes ou *delicta facti transeuntis*. Exemplo: Calúnia (CP, art. 138), Difamação (CP, art. 139), Injúria (CP, art.140), todos estes crimes são praticados por meio verbal.

Os crimes que deixam vestígios são chamados de não transeuntes ou "*delicta facti permanentis*". Exemplo: homicídio (CP, art. 121), estupro (CP, art. 213), lesões corporais (CP, art. 129).

Sempre que o ilícito penal deixar vestígios, será indispensável a realização do exame de corpo de delito (CPP - art. 158). *In verbis:* "Art. 158. Quando a infração deixar vestígios, será indispensável o exame de corpo de delito, direto ou indireto, não podendo supri-lo a confissão do acusado".

Obs. Corpo de Delito não é o corpo da vítima. O corpo da vítima é um dos elementos do corpo de delito, como manchas de sangue, cápsulas de projéteis, etc.

A ausência desta prova técnica não poderá ser suprida pela confissão do agente, embora seja admitida, caso desapareçam os rastros da infração, quando então, sua falta seja suprida com a realização de prova testemunhal (CPP - art. 167).

Os vestígios em alguns casos podem ser permanentes como fraturas e cicatrizes. Em outros casos, chamados de duradouros como, por exemplo, a Rubefação (vulgarmente chamada de bofetada), que apresenta cor avermelhada, pois devido ao impacto o organismo libera uma substância chamada de histamina, dilatando os vasos na região atingida dando o aspecto avermelhado. Esse vestígio poderá demorar de cinco a quarenta minutos para ser desfeito, por isso a necessidade de uma perícia imediata, ou na sua impossibilidade, através de prova testemunhal (CPP - art. 167).

O Exame Perinecroscópico é realizado por peritos criminais no local do crime no âmbito externo. Não se confunde com o Exame de Necropsia, que é realizado por médico legista examinando o corpo em seu exterior e interior.

São os peritos criminais que possuem atribuição para exame do local e instrumentos do crime, devendo efetuar o exame perinecroscópico para orientação de seus trabalhos, fotografando o corpo na posição em que for encontrado, bem como todas as lesões externas e vestígios deixados no local do crime, em obediência ao art. 164 do Código de Processo Penal.

Através desse exame os peritos podem observar p.ex. no local as portas encontradas fechadas por dentro, calafetamento das frestas das portas e janelas, a presença de cartas, bilhetes, embalagens de remédios, copos com resto de bebidas, desordem ao redor do cadáver, sugerindo suicídio, com fase agônica da vítima.

A presença de manchas de sangue, esperma, outros líquidos de origem orgânica, a sua localização em relação à distância do cadáver, sinais de arrasto podendo evidenciar uma possível mobilização da vítima, são elementos de grande importância para a investigação.

O exame laboratorial das manchas de sangue comparados aos da vítima podem determinar se pertenciam a ela ou ao homicida que possa ter se lesionado durante o crime. As manchas de esperma podem evidenciar crime sexual ou mesmo em casos de morte por asfixia (esganadura, estrangulamento, enforcamento) pode sugerir ter havido ejaculação tardia da vítima. A análise do tipo de sêmen encontrado definirá se da vítima ou de outrem. Através desses exames somados aos demais detalhes observados no local, poderá o perito estabelecer a ocorrência se suicídio ou homicídio.

A presença de impressões e pegados no local e nas proximidades do corpo da vítima, podem ser identificadas como dela ou de seu agressor. Também através de fotografias e moldagens das pegadas, poderão ser determinantes para elucidação do crime.

Havendo a presença de arma de fogo no local do crime, através de identificação dactiloscópica, poderá ser determinada a pessoa que a utilizara. A arma próxima à vítima poderá sugerir suicídio, se a vítima estiver com lesão de arma de fogo e esta não for encontrada, haverá forte indício de homicídio.

Para o médico legista, os dados criminalísticos elencados, somados a observação do cadáver darão elementos mais específicos para o diagnóstico da *causa mortis* que provavelmente pode ter ocorrido.

Como meio de prova a perícia é o exame realizado por pessoa com conhecimentos específicos sobre matéria técnica, útil para a elucidação de crimes de difícil solução.

Na fase de inquérito, a perícia é determinada pela autoridade policial. Quando a infração deixar vestígios será indispensável o exame de corpo delito, direto ou indireto, não podendo supri-lo a confissão do acusado conforme dispõe o artigo 158 do Código de Processo Penal.

Pelo Princípio da Imediatidade a perícia deve ser realizada com a máxima urgência em razão do risco de desaparecerem os vestígios e ser prejudicada a apuração dos fatos, porém, em alguns casos a sua realização pode ocorrer ao longo do processo.

De acordo com o art. 155 do C.P.P., a perícia como meio de prova tem valor relativo, uma vez que no processo penal todas as provas têm esse valor, devendo ser examinada pelo juiz juntamente com outras provas e não separadamente.

4.1. Documentos Médico-Legais

Através dos Documentos Médico-Legais, o operador do direito tem uma visão ampla do seu mecanismo e suas nuances, a saber:

São assim chamados esses documentos, o conteúdo grafado que a autoridade policial recebe. O principal é o Relatório, que trás em seu conteúdo a descrição de um fato médico e suas consequências. Ele se apresenta na forma de "Auto", conforme exemplos (Capítulo 3), e é elaborado durante o exame.

Já o "Laudo" é feito através de consultas e reflexões, normalmente elaborado em momento posterior. O CPP no art. 160 determina o prazo de (10) dez dias para a sua conclusão, podendo ser prorrogado excepcionalmente a requerimento do Perito.

O Relatório se divide em:

1 – Preâmbulo: Nome da perícia, solicitante, qualificação dos médicos, identificação do examinado.

2 – Quesitos: Normalmente são só os oficiais, conforme exemplos (Capítulo 3).

3 – Histórico Comentativo: É o alegado. São os fatos em si.

4 – Descrição: É a parte principal do Relatório. É o que deve ser interpretado. "*Visum et repertum*" (Ver e reportar).

5 – Discussão: É facultativo. Pode ou não constar no Relatório. No exemplo abaixo, o perito informa que na maioria dos casos nesse tipo de lesão as colorações determinam o tempo do ocorrido, que é confrontada com a informação fornecida pela vítima.

Exemplo: Equimose

1 – cor avermelhada ou negra no 1º dia;

2 – cor roxo violácio entre o 2º e 5º dia;

3 – cor azulada geralmente entre o 5º e 8º dia;

4 – cor esverdeada geralmente por volta do 12º dia;

5 – cor amarelada geralmente por volta do 20º dia da

ocorrência da lesão.

6 – Conclusão: É a afirmação do perito sobre a causa da lesão.

7 – Respostas aos quesitos.

A coloração da Equimose varia de corpo para corpo, dependendo de cada metabolismo, de acordo com a espessura da pele, da absorção do sangue e da quantidade de sangue que vazou.

Havendo no Relatório alguma omissão, lacuna ou contradição, a autoridade judiciária mandará suprir, complementar ou esclarecer, resultando num Parecer Médico – Legal. (CPP - art. 181).

O artigo 6º, inciso I do CPP determina que a autoridade policial ao chegar ao locar do crime, deverá tomar as providências para preservá-lo, para que o Perito Criminal possa fazer o exame de local e o Perito Médico Legista o exame cadavérico no local encontrado. Esse exame é denominado de Perinecroscopia.

Alguns elementos de grande relevância no local do crime podem ser observados em razão dessa preservação e observação dos peritos, como o chamado Desalinho local (roupas rasgadas, objetos fora de lugar ou jogados), Manchas: (sangue, esperma, etc.), Coleta de material: (bilhetes, garrafas, copos, etc.)

4.2. Morte segundo a Medicina-Legal

Conceitua-se morte como a cessação dos fenômenos vitais com a parada das funções cerebrais.

Para os operadores do Direito Penal, em especial aos que se deparam com questões ligadas a crimes de morte, seja para elucidação, defesa ou acusação, é de suma importância ter algum conhecimento médico-legal voltado aos vestígios deixados, seja no local do crime, seja no corpo de delito, para buscar a Verdade Real.

Tanatologia é a parte da Medicina Legal que se ocupa da morte e dos problemas Médico-Legais com ela relacionados. É uma palavra de origem grega: *Tanathos* - o deus da morte e *Logia* - ciência.

Estuda a morte e as consequências jurídicas a ela inerentes. A Tanatologia Forense é o ramo das ciências forenses que partindo do exame do local, da informação acerca das circunstâncias da morte, e atendendo aos dados do exame necroscópico, procura estabelecer:

1 - a identificação do cadáver;

2 - o mecanismo da morte;

3 - a causa da morte;

4 - o diagnóstico diferencial Médico-Legal (acidente, suicídio, homicídio ou morte de causa natural).

Estes são os objetivos mais importantes da Tanatologia Forense que nem sempre são fáceis de atingir. As dificuldades que se colocam ao médico que é responsável pela autópsia são por vezes muitas e de natureza diversa.

O operador do Direito deve ficar atento a essas questões técnicas, cujo erro pode acarretar prejuízos incalculáveis a um inocente. Saber analisar Laudos, elaborar quesitos e requerer diligências, deve ser o diferencial desse profissional.

4.2.1. A Identificação do Cadáver

A Identificação do Cadáver se faz através de um conjunto de métodos e técnicas visando estabelecer a identidade.

Identificação difere de Reconhecimento, pois este é um processo empírico, não é técnico ou científico.

A Identificação Médico-Legal pode ser realizada de diversos modos, pelo peso, pela pigmentação corporal (sardas), pela má formação como p.ex: Anquilose (pelo punho que não dobra), Escoliose (pela coluna vertebral), Deformidades congênitas (lordose, cifose, etc.), Deformidades hereditárias (sindactilia – dedos juntos, polidactilia – mais de cinco dedos), Hipospadia (malformação genética nos meninos que se caracteriza pela abertura anormal da uretra em um local por baixo do pênis ao invés de na ponta).

Pelas cicatrizes, se recentes (roxas vistas a olho nu), se antigas (pela cor da pele).

Mancha Mongólica, na região sacra (próximo ao cóxi), é mais frequente entre os asiáticos.

Pela língua (falta de pedaço), pelas unhas (com a presença de manchas), Estigmas profissionais (em razão do manejo constante com ferramentas, impregnação por diversas substâncias nas mãos, pés, pele, tórax, etc.), Marcas de mutilações, Tatuagens (infiltrações de substâncias embaixo da pele).

Quando se trata de morte violenta, em muitos casos a gravidade das lesões dificulta a identificação, em razão do estado de cada cadáver (decapitado, estado avançado de putrefação, esmagamento, carbonização, etc.), a imagem chega a traumatizar o parente ou a pessoa que se dispôs a identificar visualmente, sequer conseguindo olhar para os restos mortais, podendo confirmar ou não, de forma errônea.

A identificação datiloscópica (através das impressões papilares) permite com segurança chegar a identidade do cadáver para fins médico-legais, assim como a identificação de presos, através dos arquivos datiloscópicos existentes.

A identificação datiloscópica foi criada por Juan Vucetich e sua primeira utilização em cadáver ocorreu em 1896, na Argentina com sucesso ao identificar um ex-presidiário que havia sido libertado pouco tempo antes de sua morte. Essa identificação é conhecida como Método Vucetich em homenagem ao seu criador.

A dificuldade para obter as impressões num cadáver em estado de putrefação em afogados é contornada através do método chamado de regeneração plástica com a injeção de glicerina líquida sob o tecido subcutâneo dos dedos do cadáver para encher a poupa digital evitando o enrugamento da pele.

Outro procedimento é o chamado desluvamento cirúrgico, no caso de estado avançado de putrefação, que consiste no descolamento da epiderme, sendo retirada como uma luva e calcada de forma invertida na mão do perito em papiloscopia, e assim, após o entintamento, proceder à identificação e a pesquisa no Arquivo Datiloscópico do Departamento de Identificação.

Somente os cadáveres desconhecidos, as vítimas de morte violenta ou de morte suspeita são identificadas datiloscopicamente.

Outro método de identificação do cadáver é através da arcada dentária. Feita pela comparação do Raio X tirado da arcada do cadáver e da ficha odontológica fornecida pelo dentista que atendia o falecido, aferindo semelhanças de restaurações, canais, coroas, próteses. A soma dessas comparações é que irá fornecer a base para a Conclusão do Perito.

Na falta de ficha odontológica ou Raio X do falecido, fotos onde o mesmo apareça sorrindo, mostrando os dentes, é ampliada e sobreposta a uma filmagem frontal do crânio do cadáver para estabelecer comparação.

Em última análise, em vista da total impossibilidade em obter essa comparação, pode ser retirado material genético dos dentes para exame de DNA, pois os dentes possuem resistência capaz de suportar a carbonização do corpo, preservando esse material genético.

4.2.2. O tempo da morte (Cronotanatognose)

Estuda a data aproximada da morte. A cronotanatognose baseia-se num conjunto de fenômenos cadavéricos.

Esse estudo Médico-Legal é de grande importância para dirimir dúvidas sobre a causa jurídica da morte, analisando um conjunto de elementos para chegar à data aproximada da morte.

Esse estudo pode em alguns casos identificar as lesões que causaram a morte, o meio, etc. (Ex.: Mesmo passados vários anos, através da análise microscópica dos ossos, é possível determinar se ocorreu afogamento em água salgada ou doce, pois no afogamento são ingeridos vários elementos como plâncton que ficam fixados nos ossos. Também pelos ossos, é possível identificar a idade aproximada e ainda se ocorreu envenenamento).

Evaporação Tegumentar

Entre 15 e 30 minutos após a morte, começa a evaporação do cadáver e leva à perda de 10 a 18 gramas/Kg/dia no adulto e de 8 gramas/Kg/dia em crianças. Esse tempo varia de acordo com as condições climáticas e de ventilação no local.

A pele fica apergaminhada, endurecida e com tonalidade parda. O globo ocular apresenta queda de pressão, surgindo uma película viscosa sobre a córnea e mancha negra na esclerótica (por transparência do pigmento coroidiano), conhecido como Sinal de Sommer e Larcher. Ocorrem dessecamento e perda de brilho das mucosas e córneas.

Resfriamento do corpo

Também conhecido como algidez cadavérica, varia de acordo com fatores como idade, temperatura do corpo na hora da morte, tipo de roupa, temperatura ambiente, tipo físico. Crianças e idosos esfriam mais rápido que adultos normais. Já os obesos mais lentamente que os magros. Aqueles que se encontram vestidos mais lentamente que aqueles com menos roupas.

Rigidez Cadavérica

É resultante da supressão de oxigênio às células e, consequente acúmulo de ácido lático. Quanto mais músculos tiver o cadáver, mais rígido ele ficará. Essa rigidez começa entre 1 e 2 horas após a morte. Iniciando-se na mandíbula e na nuca e progredindo no sentido crânio-caudal (da cabeça para os pés), desaparecendo após 24 horas, voltando à flacidez.

Livores de Hipóstase

São manchas que se formam nas partes em declive do cadáver, por consequência da ação da gravidade sobre o fluxo sanguíneo. Apresentam-se em geral num tom violácio e surgem em torno da segunda hora após a morte, fixam-se em torno da 10ª hora. A partir desse período, mesmo que o cadáver seja mudado de posição os livores não mais sairão da posição fixada.

Assim p.ex: um corpo encontrado com livores cadavéricos nas costas, mas ele estando de bruços, é sinal de que esse corpo foi mudado de posição aproximadamente 10 horas após a morte. Por isso, o exame de local é fundamental para ajudar nas investigações para elucidação do crime.

Existem diversos modos que buscam determinar o tempo da morte. Dentre eles, o chamado Cristais de Westenhofer, realizado através de exame microscópico do sangue. Após o terceiro dia da morte, indo até o trigésimo terceiro dia, o sangue putrefato apresenta cristais que se coram de vermelho, em razão dos elementos que existem no sangue e independem do processo putrefativo.

Circulação póstuma de Brouardel

Consiste na projeção das veias, artérias e vasos, pela pressão interna para o meio externo do corpo, em razão dos gazes da putrefação, devido à diferença de pressão existente entre os dois meios.

Fase Gasosa (ou vesicação)

Ocorre através dos gases que se desenvolvem no interior do organismo e fazem surgirem bolhas ou flictenas (rôtas ou cheias). O corpo fica volumoso, distendido, principalmente na cabeça. Essa fase ocorre geralmente entre a primeira e a terceira semana.

Fase Coliquativa (Liquefação)

Tem início no fim da primeira semana, quando a pele se rompe em razão da distensão do corpo e os orifícios naturais se entreabrem. As partes moles começam a se desfazer, e reduzem de volume. O corpo perde sua forma, e os microrganismos e insetos necrófagos (larvas, moscas) proliferam, acelerando o processo que perdura por vários meses, conforme o ambiente onde estiver.

Fase de Esqueletização

Tem início geralmente entre a 3ª e 4ª semana, os ossos vão ficando expostos por destruição completa das partes moles, essa fase varia de 10 dias ao ar livre, em razão da fauna local como roedores, etc. até vários meses ou anos, conforme o local onde estiver.

Mumificação (É um fenômeno transformativo conservador)

Pode ser natural ou artificial. No processo natural ocorre a desidratação rápida e consequente ressecamento da derme e epiderme. O cadáver tem seu peso reduzido, a pele torna-se seca e dura, enrugada, os dentes e unhas se conservam, o volume da cabeça diminui os músculos, tendões e vísceras esfarelam-se à pressão.

Saponificação (É um fenômeno transformativo conservador)

Também conhecida por adipocera, esse fenômeno é transformativo e conservador, onde o cadáver adquire consistência untuosa e mole, parecido com sabão ou cera. Normalmente atinge partes do cadáver. Tem início na fase de putrefação e é facilitado pelas condições do ambiente, geralmente, em local com barro e muita água. O barro dificulta a dispersão da água. Algumas bactérias começam a transformar as proteínas em lipídios (gordura), revestindo o corpo o que faz parar a putrefação. Assim o corpo permanece intacto.

4.2.3. A causa da morte

Diferenciação entre homicídio, acidente e suicídio

Homicídio do latim *hominis excidium*, é a morte de um indivíduo por ação de outrem, de forma dolosa, culposa ou preterintencional, ou em consequência de outros delitos, conforme dispõe o Código Penal no art. 127, se do aborto resulta a morte da gestante; art. 129, § 3º, se da ofensa à integridade resulta a morte; art. 133, § 2º, se do abandono de incapaz lhe resulta a morte; art. 134, § 2º, se do abandono de recém-nascido lhe resulta a morte; art. 135, se de omissão de socorros resulta a morte, dentre outros.   **Acidente** quando a morte do indivíduo se dá por causas não previsíveis, ou mesmo quando previsíveis, tenha ocorrido por culpa (negligência, imprudência ou ignorância).

Suicídio (ou Morte Voluntária), quando a morte é causada pelo próprio indivíduo, visando sua morte. O suicídio enorme complexidade para ser analisado e distinguido do homicídio e do acidente. Deve ser analisada a intimidade da vítima, porém, com o sigilo necessário evitando expor a dignidade da vítima. Com o resultado da investigação, o perito deve analisar os diversos fatores relacionados aos precedentes pessoais, familiares e sociais para concluir o Laudo com mais segurança sobre o suicídio.

O consumo de drogas para suportar as pressões do dia a dia, a falta de autoestima, são fatores dentre outros que muitas vezes leva o indivíduo deprimido entrar no processo de suicídio pelo consumo de drogas. A análise pericial deve considerar as condições de vida da vítima, somados a outros elementos. Vários são os sintomas de depressão que podem levar o indivíduo ao suicídio, como: Fim de relacionamento amoroso; uso em excesso de álcool ou drogas; ideia fixa de morte; falta de um ente querido; dificuldades financeiras; sentimento de culpa; doença crônica; dores; falta de perspectiva. Como se vê, há uma gama de complexidade para análise de suicídio ou homicídio. Até mesmo um fato aparentemente tido como acidente de trânsito, caracterizado como um delito culposo pode estar ocultando uma forma de suicídio. Estudos de Vitimologia realizados por Josefina Rios Mendoza, no campo dos delitos culposos, concluíram que fatores psicológicos como desatenção, aborrecimentos, angústia, medo, dentre outros, podem influenciar na dinâmica de um acidente, propiciando a prática do suicídio.

O jurista italiano Pietro Nuvolone (Nuvolone, 1975, pg. 50), aborda um aspecto importante no âmbito da ilicitude, ligando a vítima ao agressor:

> A motivação do ato criminoso pode surgir mesmo de relações inteiramente lícitas e socialmente admissíveis entre o sujeito ativo e o sujeito passivo, embora dessas relações possam derivar situações anormais, susceptíveis de atingir até a doença mental e que, na prática, constituem o motivo do crime. Reflitamos, por exemplo, sobre os homicídios cometidos com o consentimento do sujeito ofendido, que configuram hipóteses de suicídio pela mão do outro, sobre homicídios por eutanásia, sobre os homicídios e suicídios provocados pelo ciúme, nos quais uma das pessoas mata a outra e se mata em seguida, a fim de que os dois possam se livrar de estados de angústias estimados intoleráveis.

O Código Penal em seu art. 122, pune o induzimento, instigação e o auxílio ao suicídio.

Outros tipos de morte

Morte Rápida ou Súbita (Imediata) e Morte Lenta (agônica): O tempo entre o início da morte até a sua ultimação é subdividido pelos médicos legistas para melhor observação.

A Morte Súbita é aquela que, em razão da sua brevidade em minutos ou segundos, prejudica o diagnóstico de certeza. Vibert (1900) conceitua de forma muito objetiva a morte súbita como:

> Compreendem-se, em Medicina Legal, sob o nome de morte súbita, os casos onde a morte sobrevém mais ou menos rapidamente, em alguns segundos, algumas horas, ou mesmo dias, mas de modo imprevisto, atingido, sem causa aparente um indivíduo até então de boa saúde ou que não apresentava se não ligeiros distúrbios ou que, pelo menos, assim parecia às pessoas que o circundavam.

Não há violência manifesta. É Inesperada. Ex.: Aneurisma. A autoridade policial deve fazer uma análise minuciosa de antecedentes do falecido, como histórico de distúrbios cardiovasculares, respiratórios, etc. Outro exemplo de morte súbita, ocorre em indivíduos portadores de anemia falciforme ou estigma falciforme (drepanocitose), mais comumente os da raça negra que possuem essa deficiência genética na hemoglobina.

Morte Lenta ou Agônica: Ocorre de forma lenta, já esperada, resultante de um estado mórbido por doença ou traumatismo.

Morte Natural: Se dá sem a intervenção de fatores externos e sim patológicos em razão do envelhecimento do indivíduo, com a falência progressiva das funções orgânicas, ou resultante de doenças crônicas, ou agudas.

Morte Suspeita: Não se sabe se ocorreu de forma natural ou violenta. Ocorre com relativa frequência. Possui aparência duvidosa, mesmo havendo testemunhas e diagnóstico. As lesões não são aparentes, podem estar ocultas, como traumatismos, envenenamentos. Deve ser feito exames toxicológicos e histopatológicos.

Essas mortes são classificadas pela autoridade policial como "morte a esclarecer". Incluem-se aqui aqueles cadáveres em estado de decomposição avançada.

Morte violenta: É provocada por agentes externos, compreendendo situações de homicídio, suicídio, acidentes, infanticídio e aborto ilegal. Através do estudo da Tanatologia realizado pela perícia médico legal que se estabelece o diagnóstico da causa jurídica da morte, determinando se foi resultante de homicídio, suicídio ou acidente, analisando as particularidades e características das lesões, que em muitos casos tornam-se difíceis distinguir sua natureza jurídica.

Morte por violência indefinida: A violência existe e é evidente, porém, o exame externo não determina a causa.

Morte por violência definida: O cadáver demonstra lesões externas definidas. Devendo ser determinada a Etiologia (a causa), o Infortúnio (acidente) no trabalho. Dede ser estabelecido o nexo causal entre a atividade laborativa e as lesões observadas.

4.2.4. O Diagnóstico Diferencial Médico-Legal

O Diagnóstico diferencia o resultado morte, se acidente, suicídio, homicídio ou morte de causa natural.

4.3. A Perícia no Crime de Lesão Corporal (quando ocorre)

A Perícia é realizada por profissional que possui atributos técnicos, científicos acerca dos fatos, circunstâncias objetivas ou condições pessoais inerentes ao crime, para a sua comprovação.

Conforme dispõe o art. 158 do CPP, exame de corpo de delito pode ser direto ou indireto e realizado em pessoas ou em coisas, e é indispensável sempre que a infração penal deixar vestígios, não podendo ser suprido pela confissão do acusado.

O exame de corpo de delito direto deve ser realizado logo que o fato se tornar conhecido da autoridade policial, pois quanto mais recente for realizada a perícia em relação à hora do crime, melhor proveito ela terá para a elucidação do crime. Na hipótese de haver o risco de desaparecerem os vestígios, o Código de Processo Penal permite que seja ele realizado em qualquer dia e a qualquer hora, inclusive aos domingos, feriados e à noite.

O art. 159 do CPP estabelece que o exame de corpo de delito e outras perícias serão realizados por perito oficial, portador de diploma de curso superior. Porém, nos locais onde não houver perito oficial, o exame será realizado por 2 (duas) pessoas idôneas, portadoras de diploma de curso superior preferencialmente na área específica, dentre as que tiverem habilitação técnica relacionada com a natureza do exame, que prestarão compromisso, conforme parágrafos 1º e 2º desse artigo.

Já o exame de corpo de delito indireto, é realizado quando as infrações não deixam vestígios materiais ou quando não são encontrados esses vestígios, impossibilitando o exame direto. Nessas hipóteses, dispensa-se a perícia, sendo a prova do crime realizada através de depoimento testemunhal, desde que esta possa fornecer detalhes sobre a materialidade do crime.

Em se tratando de crime de Lesão Corporal, o art. 168 do

CPP dispõe:

> Art. 168. Em caso de lesões corporais, se o primeiro exame pericial tiver sido incompleto, proceder-se-á a exame complementar por determinação da autoridade policial ou judiciária, de ofício, ou a requerimento do Ministério Público, do ofendido ou do acusado, ou de seu defensor.
>
> § 1º No exame complementar, os peritos terão presente o auto de corpo de delito, a fim de suprir-lhe a deficiência ou retificá-lo.
>
> § 2º Se o exame tiver por fim precisar a classificação do delito no art. 129, § 1º, I, do Código Penal, deverá ser feito logo que decorra o prazo de 30 dias, contado da data do crime.
>
> § 3º A falta de exame complementar poderá ser suprida pela prova testemunhal.

5. ASFIXIOLOGIA FORENSE

É uma área da Medicina Legal que estuda as asfixias de forma geral. Esse estudo permite a análise de diversos tipos de crimes, acidentes, suicídios, causados por gases, estrangulamentos, esganaduras, enforcamentos, sufocações, soterramentos, afogamentos, confinamentos, etc.

A asfixia faz parte das qualificadoras do crime de homicídio, insculpida no art. 121, parágrafo 2º, Inciso III do Código Penal. A asfixia é considerada meio cruel de matar, uma vez que o resultado morte só ocorre com cerca de cinco minutos, essa demora se traduz como intenso sofrimento da vítima, e o inequívoco dolo de matar, tendo em vista que durante o primeiro minuto, até que a vítima desfaleça, é tempo hábil para que o agressor se arrependa e suste o processo de asfixia.

A asfixia ocorre pelo impedimento da passagem do ar pelas vias respiratórias, alterando bioquímica do sangue, impedindo a transformação do sangue venoso em sangue arterial (hematose), podendo levar o indivíduo a óbito.

Na antiguidade, a palavra "asfixia" significava "sem pulso". Modernamente essa palavra passou a significar "supressão da respiração". O estudo médico-legal sobre a asfixia é de suma importância para investigação policial, pois através de suas características e peculiaridades é possível chegar à conclusão sobre a morte da vítima, se homicídio, suicídio ou acidente. Pode ser causado por impedimento mecânico de causa fortuita, violenta e externa, sob as mais variadas circunstâncias.

Os sinais de asfixia mecânica estão mais presentes nos casos de mortes rápidas, sem hemorragia. Nesses casos, o sangue se apresenta fluido, bastante escuro, as vísceras se apresentam congestionadas em razão da fluidez do sangue, surgem petéquias (pequenas equimoses puntiformes, que ocorrem quando o sangue extravasa dos vasos se infiltrando nos tecido e se coagulando. Aparecem na parte interna das pálpebras, em geral nos casos de asfixia mecânica).

Obs: Quando o pescoço é pressionado moderadamente, em geral o fluxo de sangue venoso é interrompido, aumentando a pressão no local, provocando o rompimento dos vasos, fazendo assim, surgirem as petéquias.

Apresentam também, abundantes livores cadavéricos escuros na região interna, e rigidez cadavérica intensa e precoce.

Esses sinais são os gerais que se apresentam no quadro de asfixia mecânica, porém, existem os sinais que particularizam os tipos de asfixias, como esganadura, estrangulamento, enforcamento, afogamento, além de outros que podem evidenciar crimes de natureza sexual, etc.

Estigmas Ungueais: São assim chamadas as escoriações em forma de meia-lua, causadas pela pressão das unhas em determinada região do corpo da vítima. Se presentes na região do pescoço pode evidenciar Esganadura. Se esses estigmas estiverem presentes na região nasal e bucal, podem evidenciar Sufocação Direta por obstrução das vias respiratórias. Se tais estigmas também estiverem presentes na região próxima à genitália, a linha de investigação estará voltada para crime sexual.

Se o agente criminoso fez uso de luvas ou estava com as unhas significativamente curtas, esses estigmas não aparecerão, porém, estarão presentes as equimoses das polpas digitais, indicando que o agente agressor imprimiu força no local, podendo evidenciar diversas modalidades de crimes, sendo certo que a investigação partirá da asfixia mecânica executada pelo criminoso.

Observando sempre que o exame de corpo de delito realizado no corpo da vítima deverá estar sempre associado ao exame de local, para que a investigação possa ser mais completa e conclusiva possível.

Se o pescoço da vítima apresentar sulcos em forma de vala ou canal, em baixo relevo, circulando o pescoço total ou parcialmente, apresentando nessa região equimose, escoriação ou ferida, indica que a vítima sofreu uma asfixia através de constrição do pescoço (cervical) por laço, podendo evidenciar o crime de estrangulamento, esganadura ou enforcamento, o que será diferenciado pelo Perito em seu Diagnóstico.

Para tanto, diversos fatores incidem no resultado desse Diagnóstico, como a posição e a textura do laço, o aspecto do sulco, o peso da vítima, o tempo aproximado de constrição do pescoço, a extensão da infiltração hemorrágica nos tecidos subjacentes da pele do pescoço, hemorragia nos tecidos musculares e gordurosos, fraturas de cartilagens ou ossos na região do pescoço, lesões vasculares das carótidas, das jugulares, dentre outros.

5.1. Enforcamento

Em geral ocorre em suicídio, mas podendo também ocorrer em homicídio ou acidente.

O Enforcamento tem como características a constrição do pescoço através de um laço tracionado pelo peso do próprio corpo, sendo suficientes 15 quilos para que ocorra o enforcamento. A língua escurecida e projetada além das arcadas dentárias também é característica do enforcamento, que pode ser Completo, quando o corpo estiver inteiramente suspenso, ou Incompleto quando parte do corpo estiver apoiada em algum anteparo, como por ex. um banco, uma janela.

Se o nó estiver na parte posterior do pescoço (nuca), o enforcamento é denominado típico. Se o nó estiver em qualquer outra posição no pescoço é denominado atípico. Quanto ao sulco no pescoço, ele é sempre oblíquo, ascendente, acima do hioideo (gogó) e incompleto, ou seja, não está em torno de toda a circunferência do pescoço.

5.2. Estrangulamento

Consiste na constrição do pescoço, sendo utilizado um laço tracionado através de força diferente do peso do corpo da vítima. O sulco no pescoço se apresenta em todo o seu redor, de forma horizontal, acima do hióideo (gogó) e completa. Também no estrangulamento a língua se apresenta escurecida e projetada além das arcadas dentárias. As lesões internas são mais expressivas do que as que ocorrem no Enforcamento.

O Estrangulamento em geral sugere homicídio, porém, a hipótese de suicídio não pode ser descartada, como por ex. através da colocação de aparelho para medir pressão arterial (esfigmomanômetro) ao redor do pescoço como garrote e inflando.

Menos comum ainda, é a ocorrência acidental como por ex. em máquinas industriais.

5.3. Esganadura

É sempre homicídio. Ocorre através da constrição do pescoço com as mãos, não há sulco, porém, há a presença de dedos e unhas (estigmas ungueais). As lesões internas são mais graves do que as apresentadas no estrangulamento. É muito comum a fratura do esqueleto cartilaginoso do laringe, e grande infiltração hemorrágica dos tecidos moles da região cervical sob pressão.

Sempre que a morte ocorre por constrição do pescoço, o fator respiratório é preponderante para o resultado, pois com a falta de oxigênio várias consequências podem ser notadas nos pulmões, no sistema circulatório, impedindo o fluxo sanguíneo para o cérebro, podendo provocar a parada o coração. A falta de oxigenação não raro pode ocasionar isquemia assim como edema cerebral.

5.4. Sufocação Direta

Ocorre em razão da obstrução das vias aéreas respiratórias. Ex. travesseiro, saco plástico, as mãos (hipótese em que pode deixar sinais dos dedos, unhas, equimoses). Muito comum em forma de acidente em crianças, pessoas idosas e drogadas. Dá-se através da penetração de corpos estranhos nas vias aéreas podendo ocasionar obstrução total ou parcial, provocando o quadro de insuficiência respiratória aguda. Objetos como: balas, botões, chicletes, pequenas partes de brinquedos, etc.

Importante destacar que em casos de acidentes onde a vítima fratura a estrutura óssea da face, havendo hemorragia interna, o sangue poderá se dirigir à cavidade bucal ou nasal e por consequência para a região orofaringe, que se aspirado involuntariamente como nos casos de inconsciência, coma, ou por efeito de droga, pode vir a óbito por sufocação.

5.5. Sufocação Indireta

Não há obstrução das vias aéreas, porém, a caixa torácica não consegue se expandir para encher os pulmões de ar. Há uma compressão no tórax, muito comum em acidentes como desmoronamentos, acidentes de veículos quando a vítima fica presa nas ferragens, em grandes aglomerações como shows, estádios de futebol, dentro de ônibus, etc. Em sua grande maioria ocorrem por acidentes.

Em razão da compressão torácica, o sangue bombeado pelo coração, não podendo retornar, ficando retido na região da cabeça, causando o aumento de pressão dentro dos vasos naquela região, vindo ao extravasamento, formando equimoses e petéquias espalhadas em profusão na face, na cabeça e na parte superior do tórax. Esse fenômeno tem o nome de Máscara Equimótica de Morestin ou Equimose Cérvico – Facial de Le Dentu.

5.6. Afogamento

Ocorre devido a penetração de substância líquida ou semi-líquida na árvore respiratória. A entrada violenta de líquidos nos pulmões pode ocasionar o rompimento dos alvéolos e hemorragia sob a membrana que reveste os pulmões, fazendo surgirem as chamadas manchas de Paltauf, características do afogamento.

Dependendo do ambiente onde ocorreu o afogamento (água doce ou salgada), existem elementos característicos capazes de determinar o local do afogamento. Juntamente com a parte líquida, a vítima ingere plânctons que são seres vivos microscópicos, animais ou vegetais (algas), que ao penetrarem no organismo chegam à corrente sanguínea e são transportados para diversos órgãos como fígado, inclusive na medula óssea, que permite uma pesquisa médico-legal capaz de determinar o afogamento até mesmo já na fase de esqueletização da vítima. Importante característica do afogamento em água salgada é a presença de acentuado edema nos pulmões.

O afogamento em água doce provoca a destruição dos glóbulos vermelhos, liberando potássio na corrente sanguínea, alterando o ritmo cardíaco, levando a vítima a óbito em razão da fibrilação ventricular, pois o coração ao invés de bombear o sangue, apenas bate levemente em ritmo descompassado, até parar. Devido a isso, o risco de morte por afogamento em água doce é maior do que em água salgada. É comum na necropsia nos pulmões de um afogado em água doce haver a presença de líquido espumoso sanguinolento.

Se o cadáver permanecer por muito tempo na água, surgirão outras alterações, que também poderão determinar o tempo aproximado da morte. Dentre essas alterações está presente a Maceração que é o destacamento da pele com a derme apresentando bastante hemoglobina. Dependendo do meio, ainda poderão ocorrer lesões *post-mortem* como dilacerações causadas pela fauna cadavérica local (peixes, siris, caranguejos), que em geral destroem a região das pálpebras, lábios.

Obs: Há também o caso de morte por inibição. É o chamado afogado branco de Parrot. Na necropsia aparece acentuado edema nos pulmões, cogumelo de espuma na boca. Apesar desses sinais, não é possível afirmar que a morte ocorreu por afogamento. Ex. o individuo exposto por muito tempo ao sol, entra repentinamente no mar ou na piscina com a temperatura da água muito baixa. Nesse momento ocorre um choque térmico, ocasionando um reflexo inibitório no laringe ou na glote, causando parada cardíaca. É um afogamento sem aspiração de líquido. Os Peritos elaboram o Diagnóstico por exclusão, pois a presença do cogumelo na boca da vítima indica somente edema nos pulmões, mas deve estar associado a outros sinais conforme já mencionado.

5.7. Soterramento

Ocorre com a penetração de substância sólida, semi-sólida, pulverulenta na árvore respiratória. Não necessita de obstrução total das vias aéreas. A vítima sofre broncoespasmo devido à contração da musculatura dos brônquios, e em consequência a insuficiência respiratória aguda, levando a óbito. Assim como em outras modalidades de asfixia mecânica, há a presença do cogumelo de espuma na boca, petéquias em abundância e equimoses.

O Médico Legista para firmar o diagnóstico de soterramento em sentido estrito, deverá constatar a presença e identificar o material estranho instalado na árvore respiratória, explorando a parte mais profunda. Sendo constatado que não foi inspirado qualquer substância sólida, semi-sólida ou pulverulenta, mesmo que a vítima estivesse em contato com esse material, o soterramento se deu em sentido amplo, também havendo a presença dos demais sinais (cogumelo de espuma, petéquias e equimosos).

5.8. Confinamento

Quando a vítima se encontra em local totalmente fechado, sem circulação de ar, com baixos níveis de oxigênio, aumento do gás carbônico no ambiente, assim como aumento da temperatura e umidade. O diagnóstico de morte por confinamento se dá pela análise das características próprias do ambiente hermético, com os sinais comuns nas asfixias e a ausência de outros sinais na necropsia que indique motivo diverso.

Em geral, as mortes por confinamento ocorrem por acidente, mais comuns com crianças, p.ex. criança presa em geladeira antiga ou baú que possuem tranca externa, geralmente encontrados em ferro velho.

5.9. Asfixia por gases irrespiráveis

Gases lacrimogêneos

Em contato com os olhos, se fixam no globo ocular, causando sensação de formigamento reflexo nas pálpebras, logo após intenso lacrimejamento, cefaléia, fadiga, vertigens e irritação das vias aéreas superiores e pele. Quando atinge a vítima em grande concentração pode levar a óbito.

Gases esternutatórios

Sua inalação provoca irritação das vias aéreas superiores, tosse violenta, espirros, rinite, fotofobia, conjuntivite, náuseas, vômitos, dores torácicas e abdominais, cefaléia, irritação da pele, astenia, sudorese, poliúria, dilatação capilar e destruição epitelial na traquéia e nos brônquios. O mais letal gás esternutatório é o etildicloroarsina, que em altas concentrações pode levar a óbito.

Gases vesicantes

Condenados pela Convenção de Genebra. O principal gás vesicante é a Iperita ou Gás Mostarda. O Gás Mostarda age sobre a pele, os olhos e o aparelho respiratório. A pele exposta de duas a dez horas ao Gás Mostarda apresenta eritema, podendo surgir erupção puntiforme, e, posteriormente, flictenas (bolhas) contendo líquido seroso claro que, rompendo, expõe o tecido subjacente vermelho e hemorrágico. As lesões de pele surgem na face, no ânus e nas bolsas escrotais, onde o epitélio é mais espesso. Os olhos lacrimejam, as pálpebras edemaciam, as conjuntivas inflamam. Somam-se a esses, outros sintomas como cefaleia, sede intensa, mal-estar, vertigens, tonturas, vômitos, diarreias, arritmia cardíaca, podendo ocasionar a morte por broncopneumonia, em altas concentrações.

Gases sufocantes

O Cloro possui ação intoxicante, causando dor intensa, espasmo laríngeo e da musculatura brônquica, dispnéia, hipotensão arterial, cianose, náuseas, vômitos, síncope, inconsciência, falência do ventrículo esquerdo e morte por edema agudo do pulmão.

5.10. Asfixias por Gases Tóxicos

Ácido Cianídrico

A inalação de vapores de ácido cianídrico ou ácido prússico provoca a morte em poucos minutos até 3 horas. Provoca vertigens, hiperpnéia, cefaléia, taquicardia, cianose, inconsciência, convulsões e morte por asfixia. O ácido cianídrico é empregado por vários Estados americanos objetivando executar criminosos, como forma de pena capital.

Monóxido de carbono

O Monóxido de Carbono inalado é absorvido pelos alvéolos, reagindo quimicamente com a hemoglobina do sangue formando a carboxiemoglobina (HbCO), que impede o processamento normal da hematose, causando anoxia em nível tissular e não envenenamento, pois esse gás não é, em si mesmo, tóxico para as células.

A vítima apresenta quadro de edema cerebral, cefaléia intensa, vasodilatação cutânea, zumbidos, tosse, batimentos dolorosos nas têmporas, escotomas (alteração do campo visual, total ou parcial), náuseas, vômitos, síncope, taquisfigmia, taquipnéia, debilidade muscular e paralisia dos membros inferiores que impede a vítima de fugir do perigo, convulsões intermitentes, coma, podendo chegar a óbito.

Gases industriais

Formeno, Metano, Grisu ou Gás dos Pântanos, responsáveis pelas explosões e sufocação dos operários que trabalham nas minas, provocam dispneia, irritação intensa da laringe, da traqueia, dos brônquios e dos pulmões, em fase aguda leva a vítima a óbito.

5.11. Asfixias por Expansão do Tórax

Afundamento de tórax

Fraturas múltiplas nas costas que bloqueiam a respiração, provocam a morte por asfixia.

5.12. Asfixias por Paralisação dos Músculos Respiratórios

Paralisia espástica

Dá-se com a contratura dos músculos. Ocorre nos casos de morte por eletroplessão (descarga elétrica). Alguns tóxicos também podem levar a esse quadro. O tétano é também outra causa da paralisia espástica.Um veneno que leva a essa paralisia é a estricnina.

Paralisia flácida

É causada por substância vegetal, utilizada pelos índios da Amazônia, de nome curare. O curare é utilizado, também, nas anestesias. O traumatismo de medula (raquimedular) em raros casos também pode ocasionar a paralisia flácida.

5.13. Asfixias por Parada Respiratória Central ou Cerebral

Traumatismo crânio-encefálico

Pode ser ocasionado por uma pancada violenta na cabeça, que afunda o cérebro. Esse traumatismo lesa os centros de comando e a vítima pára de respirar.

Eletroplessão

A carga elétrica leva à parada cerebral ocasionada por hemorragia das meninges, das paredes ventriculares, do bulbo e da medula espinhal.

5.14. Asfixias por Paralisia Central

Depressão do sistema nervoso central

É ocasionada por drogas que provocam a paralisação do sistema nervoso central. As substâncias barbitúricas, álcool e overdose por cocaína desencadeiam a asfixia por depressão do sistema nervoso central. Os tranquilizantes também podem vir a provocar essa paralisação.

6. TOXICOLOGIA FORENSE

A toxicologia forense é uma ciência multidisciplinar de suma importância na investigação criminal para elucidação de homicídios, suicídios e acidentes. Através dela o indivíduo pode ser inocentado ou condenado. Havendo suspeita de homicídio com a utilização de drogas ou venenos, será estabelecido o nexo causal entre o evento e o efeito tóxico. Essa ciência determina o agente químico e a quantidade da substância que causaram a morte.

O Perito deve colher o material para análise: humor vítreo (substância incolor e gelatinosa, que preenche cerca de um terço do olho), conteúdo gástrico, sangue periférico, sangue cardíaco, fígado, bile, cérebro, urina, cabelos, que podem determinar se ocorreu uma overdose, suicídio, intoxicação acidental, homicídio e qual a substância utilizada, drogas lícitas, ilícitas ou fármaco, relatando todas as etapas dos procedimentos, desde o transporte do local da coleta até o laboratório, os procedimentos realizados pelo toxicologista e por fim, o descarte do material analisado.

O material colhido para análise toxicológica *post mortem*, deve ser manuseado de forma cautelosa, para evitar futuras impugnações de laudos com alegações de adulteração, ou má conduta do toxicologista que possam comprometer as decisões relacionadas à investigação policial. Portanto, o detalhamento dos procedimentos deve ser claro e preciso para tornar o procedimento robusto e confiável, para que o Laudo Técnico elaborado seja irrefutável, estabelecendo a causa e a forma de intoxicação da vítima.

Ao término das análises toxicológicas, o Perito emitirá o Laudo que deverá constar os resultados das análises para instruir o Inquérito Policial.

6.1. Principais substâncias tóxicas

6.1.1. Veneno

É a substância mineral ou orgânica (animal), que conforme a dosagem no organismo pode ocasionar danos à saúde, podendo levar a morte. O envenenamento pode ser acidental (em crianças ou em adultos pelo consumo exacerbado de drogas), ou suicídio, sendo essas as modalidades mais comuns, ou ainda, criminoso levando a vítima a óbito ou deixando graves sequelas na forma tentada. O homicídio por envenenamento geralmente é cometido por mulheres.

Há quem distinga envenenamento de intoxicação, considerando esta pelos sinais orgânicos peculiares de cada indivíduo, uma vez que um organismo responde diferentemente a outro, sobre determinada substância, sendo necessária a ação conjunta do organismo com a substância. Já o envenenamento, é caracterizado por sinais e sintomas próprios, independentemente da condição biológica, bastando tão somente a ação do agente químico.

O veneno pode agir de forma imediata ou crônica (mitridatização), pelo acumulo da substância química no organismo. Havendo morte rápida e sem sintomas próprios de envenenamento, o Perito deverá pesquisar sobre a presença de ácido prússico ou cianeto.

Havendo a presença de vômito de cor escura (café) com cheiro de cebola e alho, sugere envenenamento por fósforo incolor. (o fósforo vermelho não é venenoso).

Vômito de cor negra e escárias profundas nas vias de absorção sugerindo queimaduras, com a vítima em agonia que podem durar horas ou dias, são indicativos de envenenamento por ácido sulfúrico.

Vômito de cor branca, passando para a cor negra à luz do dia, sugere ingestão de sais de prata.

Vômito de cor acre sugere a ingestão de amoníaco ou vinagre.

A presença de escaras profundas de cor amarela nas vias de absorção sugere a ingestão de ácido nítrico.

Vômito, diarreia, espuma abundante pela boca, suores e cólicas, sugere a ingestão de mercúrio, arsênico ou chumbo (saturnismo). A intoxicação por chumbo pode provocar alucinações num quadro psicótico, câimbras, paralisia, perda de sentidos, sugerem intoxicação por estricnina, nicotina ou gás carbônico.

A autoridade policial deverá recolher todas as substâncias suspeitas encontradas no local próximo a vítima, e evitar qualquer contato ou participação dos familiares, pois na hipótese de homicídio, poderão estar envolvidos.

A intoxicação por Arsênio (substância mineral, usada na composição de pesticidas), na forma aparente de pó branco, é facilmente misturado em açúcar ou farinha. Por mais de 12 séculos, o arsênio foi extremamente popular como veneno. Muito usado nas intrigas palacianas, pela disputa de tronos e reinados, principalmente por provocar sintomas parecidos com o da cólera, muito comum à época.

As vítimas intoxicadas por arsênio apresentam sinais como: descamação da pele, unhas quebradiças e estriadas, queda de cabelo, etc. Essa substância permanece na vítima mesmo já em estado de esqueletização, possibilitando a Perícia Médico-Legal detectar a sua presença.

A Intoxicação por Cianeto de potássio ou Cianureto de potássio se dá através um composto químico altamente tóxico. Ele impede a respiração celular, assim, o ar respirado não consegue chegar às células impedido pelo cianeto, causando uma morte rápida.

O cianeto de potássio e o cianeto de sódio são sais do ácido cianídrico. Eles são idênticos em potência/letalidade.

Uma dose de 200 a 300mg por kg de peso corporal é letal. Uma dose nessa gramatura leva a óbito um ser humano em pelo menos 50% (cinquenta por cento) do tempo. Em casos de suicídio as pessoas chegam a dobrar essa gramatura para garantir a letalidade.

Com o estômago vazio a morte ocorre dentro de minutos após ter sido ingerido. O tempo para o efeito depende da quantidade absorvida e a taxa de absorção. Se o estômago estiver vazio, o efeito ocorre mais rapidamente.

O quadro inicial de hyperpnea (aumento da profundidade da respiração) pode desencadear ansiedade, apreensão, agitação, vertigem, sensação de fraqueza, náuseas com ou sem vômitos e tremor muscular. Há perda da consciência, diminuição da respiração, convulsões, apnéia, disritmias cardíacas e finalmente a paralisação do coração. Apesar de ser uma morte rápida é de extrema agonia.

O cianeto ou cianureto raramente é encontrado no mercado em pequenas quantidades e de forma pura. Por ser mais usado na indústria e na agricultura, geralmente é encontrado com adição de outros elementos químicos.

O Cianeto pode ser usado de forma a produzir um gás, que sendo inalado, atinge o sistema nervoso central muito mais rapidamente, podendo provocar convulsões em de 15 segundos.

Uma característica de grande importância para evidenciar a presença do cianeto, é o cheiro de amêndoas amargas deixadas pelo gás. O conhecimento dessa característica é de suma importância para os peritos, os auxiliares de necropsia, pois ao abrir as cavidades do corpo, principalmente o abdômen, poderá haver acúmulo do gás de cianeto e oferecer risco aos profissionais envolvidos, assim como a qualquer outra pessoa que no intuito de socorrer a vítima ainda com vida, utilizar a manobra de respiração boca a boca, vindo a inalar esse gás letal.

Recentemente, em novembro de 2017, o criminoso de guerra Slobodan Praljak, um dos seis líderes dos croatas da Bósnia em julgamento do seu Recurso no Tribunal de Haia, por massacres cometidos contra muçulmanos bósnios na década de 90, tomou uma dose de cianureto, na frente dos presentes, logo após ter ouvido a confirmação da sua pena de 20 anos de prisão, que havia sido proferida em primeiro grau em 2013. Apesar de socorrido de imediato, a substância provocou parada cardíaca que o levou à morte em poucos minutos.

6.1.2. Intoxicação por monóxido de carbono

A intoxicação por monóxido de carbono (CO) é uma das intoxicações fatais mais comuns, ela ocorre por inalação do CO que é incolor, inodoro e insípido, resultando da combustão incompleta de hidrocarbonetos.

O Monóxido de Carbono é produzido pela queima de materiais como: combustíveis, tintas, borrachas, tecidos, madeira, produtos sintéticos, polímeros.

O perigo do monóxido de carbono (CO) está no fato dele reagir com a hemoglobina (pigmento vermelho no sangue) de forma profunda, pois se liga com essa 250 vezes mais do que com o oxigênio e o gás carbônico. Assim, mesmo o indivíduo inalando boa quantidade de oxigênio quando socorrido, a sua hemoglobina já saturada de CO não consegue captar esse oxigênio e levá-lo até aos órgãos que necessitam.

O cadáver ao apresentar livores carminados e abundantes, pode sugerir aos peritos ter havido a inalação de monóxido de carbono, porém, caso o cadáver esteja em local de baixa temperatura, ou tenha chegado em um navio onde permaneceu por bastante tempo em refrigeração, também apresentará a cor carminada em seus livores cadavéricos. Assim, o perito deve observar mais detidamente se esses livores foram causados por esse ambiente de baixa temperatura ou se envenenamento por monóxido de carbono.

As intoxicações por CO geralmente são causadas por incêndio em residência, automóveis vedados, aquecedores a gás, fornos e fogões à lenha ou a carvão, e aquecedores a querosene. O CO é produzido quando o gás natural (metano ou propano) é queimado.

A fumaça de cigarro também produz CO que inalado chega ao sangue, porém, não em quantidade suficiente para produzir intoxicação.

Há exemplos de casos de suicídios em carros ligados dentro de garagens fechadas.

Casos de mortes acidentais dentro de veículos antigos, que possuem sistema de aquecimento da cabine, onde ocorre vazamento de CO que deveria ser expelido pelo escapamento, mas penetra no duto de aquecimento da cabine do veículo. Por ser inodoro, as vítimas começam a apresentar sonolência, perdendo a consciência até chegar a óbito.

Não se descarta a possibilidade de homicídio, colocando a vítima exposta ao monóxido de carbono, em circunstâncias semelhantes ao suicídio e a morte acidental.

Cumpre observar que lamentavelmente os operadores na área de Medicina Legal no Brasil estão em extrema desvantagem com os profissionais de outros países que possuem aparelhagens capazes de identificar os venenos e tóxicos mais comuns que existem em nosso meio. Em casos de maior repercussão, vão buscar apoio em órgãos estranhos à Polícia Técnica para elaborar um Laudo mais preciso. Não muito rara às vezes em que a presença de uma substância medicamentosa encontrada em razão de uso regular, induz a erro o perito por falta de aparelhos modernos para pesquisa toxicológica.

7. TIPOS DE LESÕES

Lesões Intra Vitam e Post Mortem

As lesões causadas na pessoa viva (*in vitam*) se diferenciam daquelas causadas após a morte (*post mortem*), em especial para estimar a causa morte. É a reação vital que diferencia as lesões *intra vitam* e *post mortem*, através de um conjunto de sinais macroscópicos, microscópicos e químicos nos tecidos (bioquímicos, histoquímicos e enzimáticos) presentes apenas quando as lesões são produzidas em vítima viva. Os sinais macroscópicos se apresentam através de equimoses, hematomas, bossas sanguíneas, hemorragias internas e externas só ocorrem quando a pessoa está viva.

Lesões *Intra Vitam*: A mais comum é a reação inflamatória que geralmente surge após12 horas do momento de lesão. As bordas da lesão apresentam os primeiros sinais clínicos de inflamação como o edema. Após 24 horas, em geral surgem as crostas, e a partir de 36 horas aparecem secreções na lesão, e após se inicia a epitelização da lesão, com o revestimento da superfície externa.

A reação vascular com maior fluxo sanguíneo ou congestão vascular só estão presentes na pessoa viva, assim como as embolias gordurosas que ocorrem em caso de fratura de ossos, ocasionando o desprendimento de gordura, e embolias gasosas provocadas pela descompressão rápida, quando o mergulhador sobe à superfície sem observar o tempo exigido em razão da profundidade.

Dentre outros sinais frequentes nas lesões *Intra Vitam*, se destacam as bossas linfáticas vulgarmente chamadas de "galos" que se apresentam sob o couro cabeludo. A presença do Monóxido de Carbono (CO) no sangue é outro sinal de vida da vítima, significando que a mesma respirou num ambiente com baixa quantidade de oxigênio e alta concentração de gás carbônico oriundo de incêndio ou combustão de gases automotivos.

Lesões *Post Mortem*: Elemento de grande importância para a perícia Médico Legal é a coagulação sanguínea. Após a morte o sangue se coagula dentro dos vasos, e após seis horas do óbito, em razão da degradação dos fatores de coagulação, o sangue não se coagula mais fora dos vasos. Esse fenômeno característico é um dos elementos que ajudam ao perito determinar o tempo entre a morte e o exame necroscópico (cronotanatognose).

Outro elemento de Lesão *Post Mortem* é o espasmo cadavérico que ocorre em razão da contratura muscular instantânea e persistente, que ocorrem geralmente nas lesões repentinas de extensas áreas do sistema nervoso ou na morte ocorrida sob intenso estímulo de estressores. Importante observar que não há retração dos tecidos após a morte em razão da perda da elasticidade dos tecidos.

Conceito de Lesões Corporais

É o ato que atinge a integridade física ou psíquica da vítima, representando as determinantes do crime, batizados pelo artigo 129 e parágrafos do Código Penal, sendo classificadas como: Leve, Grave e Gravíssima.

O sujeito ativo pode ser qualquer pessoa e o sujeito passivo aquele que sofre a lesão.

Lesão Corporal Leve

É assim classificada como aquela que não é grave ou gravíssima. Necessita de um segundo exame de corpo de delito dentro de 30 dias para confirmação da inexistência das consequências citadas nos parágrafos do artigo 129 do Código Penal.

Nos casos de lesão corporal leve (equimoses, escoriações e feridas contusas), a pena é de três meses a um ano de detenção. A Lei nº 9.099/95, no art.88 assim determina: "Além das hipóteses do Código Penal e da legislação especial, dependerá de representação a ação penal relativa aos crimes de lesões corporais leves e lesões culposas."

A vítima deverá proceder a queixa perante a autoridade policial dentro do prazo decadencial de seis meses contados da data do fato, e a representação perante o Juízo na ação penal dentro do mesmo prazo.

Lesão Corporal Grave

Ocorre quando a ofensa à vítima resulta incapacidade para as ocupações habituais normais durante mais de 30 dias, ou debilidade permanente de membros, sentido ou funções (rins, coração, olhos, ouvidos e mastigação), causando enfraquecimento, perda de força, resultando num dano anatômico ou funcional.

> Art. 129, parágrafo 1º do C.P.: Se resulta:
> I - Incapacidade para as ocupações habituais, por mais de trinta dias;
> II - perigo de vida;
> III - debilidade permanente de membro, sentido ou função;
> IV - aceleração de parto:
> Pena - reclusão, de um a cinco anos.

O artigo 129, parágrafo 1º, inciso II, classifica o Perigo de Vida como lesão corporal grave, que é um momento, um instante, em que uma função vital periclitou (ex.feridas penetrantes no abdômen e no tórax, hemorragias abundantes, estados de choque, queimadoras generalizadas, fraturas de crânio e da coluna vertebral, parada cardíaca, estado de coma, parada cerebral etc.). Somente o perito pode determinar a existência do risco, já que se trata de um prognóstico médico.

Já o artigo 129, parágrafo 1º, inciso IV, classifica como Lesão Corporal Grave a Aceleração de Parto, que é o trauma físico ou psíquico que ocasiona a antecipação do parto com expulsão do feto, interferindo no período fisiológico. Havendo a morte do feto, resultando o aborto, a lesão passa de grave à gravíssima.

É fundamental que o exame médico legal seja realizado imediatamente após a lesão, podendo ser repetido após trinta dias, para constatação da aptidão da vítima para exercer suas atividades e ocupações habituais.

As lesões causadas por fraturas, com recuperação em período superior a 30 dias são as que mais incapacitam, exceto as fraturas nasais, que permite a recuperação da vítima em menor tempo.

Lesão Corporal Gravíssima

Está insculpida no parágrafo 2º do artigo 129 do Código Penal, com pena de reclusão de dois a oito anos.

É a lesão que venha resultar:

Inciso I – Incapacidade permanente para o trabalho. Pode ser além de permanente para o trabalho, também para qualquer outra atividade da vítima.

Inciso II - Enfermidade Incurável. É qualquer estado mórbido de evolução lenta, que resulte na morte da vítima ou se curável, ocorra em longo prazo.

Inciso III – Perda ou inutilização do membro, sentido ou função. Se dá pela perda de força, enfraquecimento, causado por dano anatômico ou funcional, pela mutilação (perda de um ou dois dedos, braços e pernas). Perda dos Sentidos (visão, audição, tato, olfato e paladar, mecanismos sensoriais), resultam de traumas sobre esses órgãos, assim como, crânio, rins, coração, olhos, ouvidos e mastigação.

Inciso IV – Deformidade Permanente. São aqueles danos aparentes, estéticos, que afetam diretamente a autoestima da vítima, causando-lhe aborrecimento, incômodo.

Inciso V – Aborto. A hipótese do inciso se refere ao aborto preterintencional (preterdoloso), quando a intenção do agente é apenas lesi-
onar a vítima e acaba por provocar o aborto.

Lesão seguida de morte

O artigo 129, parágrafo 3º do Código Penal assim define:
"Se resulta morte e as circunstâncias evidenciam que o agente
não quis o resultado, nem assumiu o risco de produzi-lo: Pena -
reclusão, de quatro a doze anos."

Embora a morte não tenha sido pretendida pelo agente,
nem assumido o risco de produzi-la, a responsabilidade pelo resultado lhe é imputada, desde que previsível em razão das circunstâncias. O nexo causal entre a conduta do autor e a morte
da vítima deve estar presente.

Lesões produzidas por ação mecânica

São causadas por armas como revólveres, facas, punhais,
foices, machados, martelos, punhos, pés, dentes, ou qualquer
outro meio, como máquinas, animais, veículos, explosões. As
ações causadas, podem afetar interna ou externamente a vítima, através do impacto de um objeto em movimento contra
seu corpo parado, ou com os dois em movimento.

Feridas Puctórias

São produzidas por instrumentos perfurantes, produzindo as chamadas feridas punctórias ou vulgarmente chamadas de perfurações ou furos. Em geral não produzem sangramento, ou ocorrendo, é em pequena quantidade. como furador de gelo, chave de fenda. Dentre os objetos perfurantes capazes de produzirem feridas punctórias, se destacam os furadores de gelo, chaves de fenda, pregos, garfos, chaves.

Feridas Incisas

São produzidas por instrumentos cortantes. Atuam pelo deslizamento de um gume sobre uma linha, seccionando os tecidos. Possuem como principais características, sangramento, comprimento maior que a distância entre as bordas, e maior profundidade no centro da ferida. Navalhas, lâminas de barbear, bisturis são objetos cortantes que possuem fio, corte ou gume mais comuns.

Feridas Contusas

São causadas de forma ativa, pelo choque de um instrumento projetado contra a vítima, ou passiva quando a vítima se projeta de encontro ao objeto, como nas quedas. Os Instrumentos contundentes, exercem pressão sobre uma superfície através do seu peso ou energia cinética de que estejam animados, esmagando os tecidos. Exemplo: porrete, solo, pedra arremessada.

A ferida contusa causa a perda da integridade da pele ou rompimento de sua elasticidade. Possui características próprias como: fundo e vertentes irregulares; escoriações nas bordas; hemorragia menor que nas feridas incisas (por instrumento cortante); retalhos em forma de ponte unidos as margens; nervos, vasos e tendões preservados no fundo da lesão.

Lesões Mistas

São causadas por instrumentos que unem duas características. O instrumento pérfuro cortante (punhal, canivete) causa a lesão pérfuro-incisa. O instrumento corto contundente (machado, foice) causa a lesão cortocontusa. O instrumento pérfuro contundente (projétil de arma de fogo) causa lesão pérfurocontusa.

Através do Exame de Corpo de Delito, o perito analisa a resistência natural das estruturas, das condições do momento, da fisiologia, patologia, grau de energia despendida para causar as lesões profundas, como fraturas ósseas, rupturas, luxações, contusões de órgãos internos, pois a mesma energia que lesa as camadas superficiais do corpo, pode atingir as camadas profundas.

8. BALÍSTICA FORENSE

A Balística Forense é de suma importância para a elucidação de crimes executados com armas de fogo, assim como em suicídios e acidentes. Ela estuda as armas de fogo, as munições e os efeitos dos tiros por elas produzidos. Sempre que houver nexo causal com crimes, é através dessa ciência que a Medicina Legal busca identificar a dinâmica, a materialidade e autoria do crime.

Apreender a arma utilizada em um crime e periciá-la é indispensável para que a autoridade policial possa informar no inquérito policial as características da arma (de uso proibido ou permitido), sua potencialidade lesiva (se funciona ou é obsoleta), a recenticidade de disparos, a identificação do autor do disparo e o proprietário da arma. Essas são tarefas primordiais para elucidação de um crime, identificando todos os envolvidos.

Ademais, tem-se como certo que sem a apreensão e perícia de uma arma, não há como se apurar a sua lesividade e, portanto, o grau de risco para o bem jurídico que envolva a integridade física alheia.

É através do exame de eficiência que o perito verifica se a arma de fogo é eficiente para a realização de disparos. Os peritos iniciam o exame pela identificação da arma, descrevendo suas características, avaliando sua estrutura, executando testes de eficiência e avaliando os resultados.

Sobre o tema, a Egrégia Primeira Câmara Criminal do

Tribunal de Justiça do Estado do Rio de Janeiro, na Apelação nº 0002779-31.2011.8.19.0003, Julg. em 13/12/2011. Des. Luiz Zveiter:

> Crime de Porte de Arma de Fogo com numeração suprimida. Absolvição Sumária do acusado, diante da atipicidade da conduta. Arma de fogo sem potencialidade lesiva. Apelo ministerial buscando a reforma da decisão que não merece prosperar. De fato, como afirma o apelante, o delito imputado ao apelado é de perigo abstrato. Todavia, o laudo de exame pericial atestou a ineficácia da arma de fogo para produzir disparos. Logo, arma de fogo não pode ser considerada, eis que esta pressupõe, para a sua caracterização, que o artefato seja capaz de expelir projéteis através de explosão interna. Evidente atipicidade da conduta. Desprovimento do apelo ministerial.

Da mesma forma, em relação aos projéteis: Apelação nº 0001053-52.2007.8.19.0006 da Egrégia primeira Câmara Criminal do Estado do Rio de Janeiro, Julg. Em 19/05/2010, Des. Leony Maria Grivet Pinho:

> Porte ilegal de munição (...) Laudo pericial que não atestou a capacidade dos projéteis serem deflagrados. Inexistência nos autos de qualquer prova da potencialidade lesiva, com o que não há como se sustentar um decreto condenatório. Recurso Defensivo provido para absolver o apelante.

Como se vê, o exame de balística é de extrema importância, principalmente para a defesa do réu, pois a ausência de laudo de constatação de potencialidade lesiva da arma de fogo ou de eficiência das munições, para configuração do delito de posse ilegal de arma de fogo de uso permitido (artigo 12 da Lei 10.826/2003), impõe a absolvição do réu, por não restar caracterizada a materialidade do crime em questão.

Ainda que se trate de crime de perigo abstrato, não se exigindo, por conseguinte, nenhum resultado naturalístico para a consumação, deve ao menos a arma se prestar a este fim, mesmo que esta não esteja municiada, porém, a caracterização do objeto apreendido como arma, exige a presença de potencialidade lesiva, o que só pode ser provado através do Laudo Balístico.

A balística forense se divide em balística interna, externa

e balística dos efeitos, conforme análise nos tópicos a seguir.

A balística interna (ou balística interior) cuida do funcionamento das armas, da sua estrutura, mecanismo e técnica do tiro. Já a balística externa estuda a trajetória, desde a saída da arma até seu impacto ou sua parada final (repouso).

8.1. Identificação das armas de fogo

Pode ser direta ou indireta.

Direta quando a identificação é feita na própria arma, através de documentos, registros, tipo, calibre, número de série, fabricante.

Indireta quando feita através de exame comparativo de características deixadas pela arma nos elementos de sua munição. São usados métodos comparativos macro e microscópicos onde são verificadas as deformações do projétil.

Quando a arma de fogo é raiada, o projétil passa pelo interior do cano (alma raiada ou cristas helicoidais) em movimento de rotação sob o seu próprio eixo podendo chegar até 8000 rotações por segundo, vencendo a resistência do ar, para atingir o alvo com maior precisão. Ao passar pela alma raiada, esta produz estrias no projétil.

Os sentidos das raias podem ser dextrogira (para a direita) ou sinistrogira (para a esquerda) o que será observado através do exame microscópico.

O perito de posse da arma poderá após deflagrar um tiro, comparar as estrias dos projetis através de microscópio comparador auxiliado por um sistema de captura de imagens permitindo a análise em vídeo de alta resolução.

É possível, pelo exame de comparação das deformidades normais, que se encontram em dois ou mais projéteis ligados a infrações penais distintas, demonstrar-se sem sombra de dúvidas, serem oriundas de uma mesma arma, mesmo que não se saiba qual a arma, em razão desta não ter sido encontrada. Assim como duas impressões digitais cujos desenhos (arcos, verticilos) coincidam exatamente só podem corresponder a um mesmo dedo, da mesma forma, é indubitável que a presença de deformações normais convergentes, em dois ou mais projéteis, signifique que foram todos expelidos por um só e mesmo cano raiado.

O perito balístico examinará o projétil, verificando seu

peso, formato, comprimento, diâmetro, composição, calibre, raiamento, estriações laterais finas e deformações. O calibre da arma serve para demonstrar a medida do cano, a raiação indica o tipo de arma e a estriação lateral fina, todos esses são elementos que individualizam a arma.

Importante observar que o perito ao estudar o raiamento, deverá verificar a sua correspondência com a arma suspeita mencionando em seu Laudo o número, a largura, o seu aspecto e se as raias são dextroversas ou sinistroversas, determinando se são obliquamente dirigidas para a direita ou para a esquerda.

Importante observar que a individualização da arma só ocorre através do estudo das estriações laterais finas e das deformações ocasionadas no projétil. A estriação lateral fina é produzida pelas saliências e reentrâncias que a alma do cano (parte interna) apresenta. Elas são passíveis de serem moldadas nas faces laterais do projétil, por passar forçado pelo interior do cano onde receberá também as raia. Essas estriações têm grande importância para a identificação, devido ao fato que duas armas diversas não possuem impressões iguais. Portanto, o valor positivo da igualdade das estrias entre dois projéteis para a identificação da arma, é de grande importância para identificação da arma do crime. A coincidência de inúmeras estrias semelhantes também comprova a identidade da arma utilizada com aquele projétil.

Possuindo a arma de fogo alma lisa, a identificação realizada será indireta, através de análise das deformações impressas no estojo (recipiente cilíndrico onde são armazenadas a pólvora e sua espoleta, ou cápsulas de espoletamento). O perito irá comparar a impressão deixada no estojo encontrado no local do crime ou no tambor da arma apreendida. O perito balístico, ao receber o estojo, identifica o seu material, marca, calibre e deformações, para determinar que tipo de arma fora usada no crime.

Os estojos apresentam algumas marcas individualizadas da arma a que serviram. Assim o perito deverá analisar as marcas produzidas pela superfície interna do cano, a marca do percussor sobre a espoleta, a marca da espalda do cano sobre o talão e marca do extrator na gola do estojo. As marcas variam de arma para arma, de acordo com o seu gênero e suas peculiaridades, por isso devem ser confrontadas com as que se produzam através de tiros de prova com a mesma arma suspeita do crime, e submetidos ao exame microscópico dos estojos. Assim, o perito poderá verificar a depressão na parte mais profunda, comparando com as deformações dos dois estojos e os sinais deixados pelo extrator e pelo ejetor.

Quando a arma instrumento do crime apresentar numeração raspada, será realizado o Exame metalográfico, que busca recuperar a numeração de série destruída. É feito um polimento na área da numeração e em seguida aplicado reagentes químico para a revelação da numeração. Este exame se destina ao rastreamento da arma de fogo, desde a sua origem, visando determinar o proprietário ou o possuidor da mesma, para chegar à autoria de um determinado delito, ou mesmo, a sua utilização em outros delitos, através do Exame de comparação balística, como já mencionado.

Outra forma de identificar a arma de fogo suspeita é através da Pólvora. Esta pode ser encontrada queimada ou íntegra, no estojo, na arma, no corpo ou nas vestes da vítima. O exame de sarro permite ao perito verificar se a pólvora utilizada no disparo era pólvora negra ou pólvora piroxilada (resíduos fuliginosos por combustão completa).

No exame de sarro, é observado o aspecto da pólvora, macroscópica e microscopicamente. A pólvora negra deixa no interior do cano grande quantidade de resíduos preto que em alguns dias passa a uma cor cinzenta esbranquiçada, depois tomando o aspecto avermelhado de ferrugem. Já a pólvora piroxilada deixa pouco resíduo, de cor cinza escura, não se alterando a não ser muito tempo depois com a ferrugem.

Através do exame da pólvora os peritos podem determinar a data aproximada do último disparo da arma, com base nas modificações processadas no depósito da pólvora combusta. Para o êxito do exame, deverá ser realizado no prazo máximo de oito dias, porém, não constituindo meio de certeza e sim de probabilidade, pois a umidade e a temperatura do local em que foi encontrada a arma influem nas modificações por que passa o depósito de pólvora.

8.2. Exame de segurança

É utilizado para esclarecer dúvidas sobre o acionamento da arma de fogo, verificando se o mecanismo de segurança da arma é eficiente, ou permite a possibilidade de disparos acidentais.

8.3. Elementos do disparo de arma de fogo

Ao ser deflagrado o tiro, é lançado o projétil, juntamente com vários elementos como gases (monóxido e dióxido de carbono, vapor de água, óxidos de nitrogênio e outros). Parte desses elementos são resíduos sólidos que permanecem dentro do cano da arma, na câmara de percussão e ao redor do tambor. Outras partes desses resíduos se espalham pelas mãos, braços, cabelos, roupas do atirador.

O movimento e o formato do projétil em relação a densidade do tecido da vítima são fatores que incidem na lesão causada no tecido atingido. A velocidade e o peso do projétil são os elementos de maior significância para a destruição dos tecidos. O projétil é classificado como de alta velocidade quando alcança acima de 600 metros por segundo (m/seg) e de baixa velocidade quando atinge menos de 500 metros por segundo (m/seg).

O revólver calibre 38 percorre 349 m/s, o de calibre 22 percorre 308m/s e o de calibre 45 ACP (Automatic Colt Pistol) percorre a velocidade de 277m/s. Importante salientar que quanto menor a velocidade maior é o poder de neutralizar a ação de um atacante. O poder de parada do projétil está diretamente ligado ao seu movimento e não a sua energia. Ao atingir um corpo, a energia do projétil vai sendo absorvida no trajeto pela parte interior do tecido. Dessa forma o número de lesões depende da quantidade de tecidos necessários para dissipar aquela energia liberada. O projétil produz um pequeno orifício de entrada e grande destruição no seu trajeto, principalmente no abdome e no tórax.

8.4. Lesões causadas por arma de fogo

Os projéteis causam feridas com características próprias: superficialmente seu aspecto não aparenta o dano causado internamente. O projétil de arma de fogo (PAF) geralmente apresenta um orifício de entrada pequeno e um orifício de saída grande, com grandes lesões teciduais ao longo de sua trajetória. Essas lesões decorrem da perfuração, rotação, compressão e descompressão do projétil nos tecidos ao longo da sua trajetória.

As principais características observadas pelos peritos são a trajetória e as alterações ocorridas no tecido atingido da vítima. Os projéteis de armas de fogo causam feridas perfuro-contundentes, com características específicas diferentes de qualquer outro ferimento. Conforme dispõe o art. 158 do CPP, é indispensável o exame de corpo de delito, direto ou indireto, não podendo supri-lo a confissão do acusado.

Para avaliação da gravidade da lesão, há que se considerar as características do tecido lesionado, como a sua baixa elasticidade e maior rigidez que propiciam maior destruição dos tecidos. Os efeitos do disparo podem ser classificados como primários quando produzidos por ação mecânica do projétil em relação à resistência do alvo atingido. Ao tocar uma pessoa física, a epiderme será a primeira parte atingida causando o orifício de entrada, em seguida a ruptura de vasos sanguíneos, causando infiltração hemorrágica nos tecidos adjacentes, e por consequência uma mancha podendo ser vermelha ou amarela, chamada de auréola ou orla equimótica, o mesmo podendo ocorrer no orifício de saída, independentemente da distância de onde originou o disparo.

Para estimativa da distância do disparo (curta ou longa), os peritos analisam os resíduos sólidos e gasosos resultantes da queima da pólvora.

Quanto à distância do alvo, o tiro pode ser classificado como: encostado, curta distância e longa distância.

Tiro encostado é aquele quando a boca do cano da arma

se apoia no alvo. Os elementos do disparo (gases e pólvora) penetram na lesão, formando os efeitos explosivos como a boca de mina de Hoffmam, o sinal de Benassi e o sinal de Werkgaertner. A boca ou câmara de mina de Hoffmann ocorre em situações do disparo encostado ao alvo que recobre a placa óssea, os gases liberados no disparo transpõem o tecido e, ao atingirem o anteparo ósseo, descolam lateralmente o tecido e reflui com violência, resultado no estrelamento e eversão das bordas da pele, dando à ferida uma aparência de estrela.

O sinal de Benassi é representado pelo depósito de fumaça (esfumaçamento) no plano ósseo ao redor e no orifício de entrada do projétil. Esse sinal é de extrema importância para identificar as lesões no cadáver já em putrefação.

O sinal de Werkgaertner é identificado pela lesão de queimadura causada pelo cano da arma ainda quente, imprimindo na pele da vítima a marca circular do cano, podendo inclusive apresentar a marca da mira.

No tiro a curta distância o alvo se encontra entre nos limites da região de expansão dos gases e resíduos de combustão da pólvora expelidos pela arma e a vítima.

No tiro a longa distância, o orifício de entrada apresenta apenas os efeitos primários, ou seja, a lesão causada pelo projétil, havendo somente a orla de contusão.

8.4.1. Ferimentos perfuro-contundentes causados por projétil de arma de fogo (PAF)

Esses ferimentos conforme já dito possuem características próprias apresentando perfuração e ruptura de tecidos, com ou sem laceração e esmagamento (lesões perfuro-contusas), decorrentes do atrito entre o projétil e o corpo.

O orifício de entrada do projetil pode ser perpendicular, oblíquo ou tangencial. O contorno do orifício possui forma diferenciada em razão da direção do disparo, e bordas invertidas (voltadas para dentro), seguindo o trajeto do projétil. As extremidades são rombas e pode apresentar halos ou orlas. As observações desses elementos são de grande interesse do perito.

A orla de enxugo é a região mais superficial do orifício e recebe esse nome por "enxugar" os resíduos do projétil. Os resíduos ficam ali depositados, limpando o projétil no momento da sua entrada no tecido. Tanto o comprimento como a largura do orifício podem ser maiores, menores ou iguais ao diâmetro do projétil, em razão do ângulo de incidência pelo qual o projétil penetrou, e ainda, pelo seu formato e os tecidos subjacentes atingidos. Por essa razão, não é possível identificar o calibre da arma através de exame do orifício.

A chamada zona de tatuagem é causada pelos grãos de pólvora incombusta, incrustados ao redor do orifício de entrada do projétil, não sendo passível de remoção através de lavagem. Já no orifício de saída pode ocorrer a presença de escoriação, em razão da perda da epiderme provocada pela compressão do projétil no tecido sobre algum anteparo rígido, onde o corpo se encontrava apoiado. Essa contusão é conhecida por Sinal de Romanessi, pelo qual o perito pode definir a dinâmica do fato ocorrido, como p.ex. se ao momento do fato o corpo se encontrava encostado ou caído.

Nas mãos do atirador ou suspeito é possível serem encontrados resíduos por ter efetuado o disparo. Esses resíduos saídos das câmeras podem impregnar as mãos do atirador, principalmente na região dorsal dos dedos polegar e indicador, e a palma da mão.

Os peritos através de exame residuográfico podem analisar a presença dos possíveis resíduos do tiro, como chumbo, nitritos, sangue. Alguns Institutos de Polícia Técnica espalhados pelo país, ainda utilizam a técnica da Reação da Difenilamina para constatar a presença de nitratos ou nitritos que estão na composição da pólvora, seja ela negra ou piroxilada.

Ocorre que nitrato de potássio (KNO3 – pólvora que não queimou inteiramente) e nitrito (NO2 – pólvora que queimou totalmente) também estão presentes na composição de fertilizantes, adubos e na urina. Assim, imaginemos que uma pessoa suspeita em ter cometido um crime com arma de fogo, sendo ela não muito adepta de higiene após ter urinado e restar em sua mão respingos de urina, ao passar pelo exame através de reação da Difenilamina, poderá apresentar um falso positivo para a presença de pólvora. O profissional do direito deve estar muito atento a esse aspecto, pois poderá gerar uma prova técnica robusta, propiciando a condenação de um inocente.

Tendo sido a arma utilizada um revólver, a quantidade de resíduos que pode atingir a mão é maior do que em tiros com pistolas que por serem fechadas, pode impedir a presença de resíduos na mão do atirador. Também as pistolas semi-automáticas, expelem resíduos em menor quantidade do que os revólveres. Seus resíduos saem pela janela do extrator e pelo próprio cano. Os tipos de armas longas, como espingardas, carabinas, metralhadoras, deixam resíduos nas mãos, assim como, vestígios em outras partes do corpo e nas roupas do atirador.

Os projéteis de alta velocidade ou alta energia, como p.ex. munição de fuzil, provocam graves lesões nas vísceras da vítima em razão do surgimento de um túnel temporário de diâmetro superior ao calibre do PAF, formado pela alta velocidade ao penetrar o tecido, causando hemorragias e inchaço da pele. A elasticidade da pele permite que as dimensões das lesões diminuam após a passagem do PAF, sendo essa movimentação denominada

Cavitação Temporária que ocorre nas lesões produzidas por projéteis de alta velocidade.

Não raro o perito ao proceder à necropsia se deparar com a discrepância entre um número menor de orifícios de entrada e maior de orifícios de saída. É comum o PAF ao penetrar no tecido atingir uma estrutura óssea, fragmentando o osso, vindo esse a se transformar num projétil secundário por absorver a força do PAF e transfixar o tecido, produzindo dois orifícios de saída (projétil e fragmento ósseo), ou pode o PAF ficar alojado no corpo, e o fragmento ósseo sair, dando a falsa impressão de ter o PAF transfixado o corpo da vítima. Ou ainda, o PAF se fragmentar em diversos outros ao atingir o osso, produzindo inúmeros orifícios de saída com apenas um de entrada. Somente o exame radiológico poderá sanar essas dúvidas.

9. NECROPSIA

Necropsia Médico Legal é o exame *post-mortem* utilizada em casos de mortes acidentais, homicídios, negligência ou suicídio repentino, para munir o a autoridade policial, Ministério Público e o Juiz, na busca da verdade real.

A palavra necropsia tem origem grega *nekrós*, significa morte, e *ópsis* significa vista. É um exame realizado após a morte. Já a palavra autópsia, também de origem grega *autos*, quer dizer "de si próprio" e *ópsis* que significa "vista". A tanatopsia, também de origem grega *tanatos:* morte e *ópsis:* vista, são derivações da palavra com significado semelhante.

A Necropsia consiste numa série de observações e procedimentos organizados, com hierarquia, realizados no cadáver, visando determinar a causa da morte.

A necropsia clínica (anatomopatológica) é realizada por médico patologista, visando esclarecer a fisiopatologia e a patogenia da doença, estudando as alterações morfológicas dos órgãos e tecidos, para colher informações sobre a causa da patologia, suas complicações, amplitude e suas consequências.

A necropsia forense é realizada por um médico legista, e ou técnico em necropsia devidamente habilitado e concursado, para esclarecer os mecanismos, tempo (cronotanatognose), efeitos e causas da morte, sendo uma das principais ferramentas para a investigação criminal.

9.1. Exame Necroscópico

Consiste no estudo realizado através da dissecação do cadáver para elucidação da causa *mortis*, instrumentalizando a investigação criminal em casos de suspeita de homicídio ou morte violenta, respondendo aos quesitos formulados no Laudo de Exame Cadavérico, como: se houve morte; qual a causa da morte; qual o instrumento ou meio utilizado; se houve emprego de veneno, fogo, asfixia, tortura, explosivo ou qualquer outro meio insidioso ou cruel.

O artigo 162 do Código de Processo Penal determina que o exame necroscópico ou cadavérico deva ser efetuado pelo menos seis horas após o óbito, evitando que o exame seja realizado com á vitima viva, portadora de catalepsia ou outros estados letárgicos parecidos com os sintomas causados por ingestão de tóxicos. Nem sempre é necessário o exame interno, bastando o exame externo do cadáver, nos casos de morte violenta em que não houver infração penal para apurar como é o caso da morte acidental, como determina o parágrafo único do mesmo artigo.

Ainda o mesmo parágrafo, determina que quando as lesões externas permitirem precisar a causa da morte e não houver necessidade de exame interno para a verificação de alguma circunstância relevante, bastará o simples exame externo do cadáver.

O artigo 169 e parágrafo único do C.P.P. é de vital importância para o sucesso da perícia:

> "Art. 169. Para o efeito de exame do local onde houver sido praticada a infração, a autoridade providenciará imediatamente para que não se altere o estado das coisas até a chegada dos peritos, que poderão instruir seus laudos com fotografias, desenhos ou esquemas elucidativos.
>
> Parágrafo único. Os peritos registrarão, no laudo, as alterações do estado das coisas e discutirão, no relatório, as consequências dessas alterações na dinâmica dos fatos."

9.2. Técnicas de Necropsia

A necropsia é feita externa e internamente no cadáver.

Necropsia Interna

Dentre as atuais técnicas utilizadas na necropsia as de Virchow, Ghon e Rokitansky são as mais comuns, exceto em corpos embalsamados. A técnica de Virchow é utilizada para exames de abertura da calota craniana, verificando as meninges, fraturas e encéfalo. Já a cavidade raquidiana é sempre aberta após a abertura da cavidade craniana, buscando fraturas, lesão medular, infiltrações sanguíneas (hemorragias) e edemas. São retirados os órgãos para pós-análise em laboratório.

Os exames laboratoriais são de grande importância para determinar o sexo do cadáver. Através da coleta de material da mucosa bucal, é examinada a cromatina sexual de BARR. Pesquisa semelhante pode ser realizada através das células do sangue. A medula óssea mesmo com o passar do tempo, ainda pode fornecer ao perito, células para estudo da cromatina sexual. Até mesmo através das polpas dos dentes é possível realizar a pesquisa, mesmo com o cadáver em decomposição.

Na técnica de Ghon são retirados dos órgãos em blocos conforme suas funções anatômicas e funcionais, preservando as relações entre os órgãos e o sistema linfático.

Os órgãos do pescoço devem ser retirados junto com a língua, e pesquisada infiltrações de sangue, fraturas (hioide e cartilagens).

Na cavidade toraco-abdominal, é feito uma incisão mento-pubiana, retirando o plastrão condro-esternal. É feito descrição de cada órgão e cavidade em particular, e líquidos com volume aproximado. É realizado um exame preliminar nos órgãos quanto à cor, forma e consistência. Na área cardíaca, são examinados os vasos da base do coração, retirando as aderências existentes entre os pulmões e a parede.

Já na técnica de Rokitansky, os órgãos são retirados separadamente após a sua dissecação, sendo abertos e examinados no local, em razão da exiguidade do tempo para realização do procedimento, desde que haja condições favoráveis.

Todos os elementos encontrados no cadáver são registrados através de fotografias, coleta e armazenamento de sangue, secreções e urina, para exames toxicológicos e bacteriológicos posteriores caso sejam necessárias para as investigações por suspeita de envenenamento, drogas e álcool.

O estomago e seu conteúdo, assim como, fragmentos do fígado, rim, coração e encéfalo, são colhidos no caso de suspeita de envenenamento. Outros elementos como, esperma, líquidos estomacais e vaginais, resíduos sob as unhas e pelos, também devem ser preservados para a realização de exames posteriores, para como alcoolemia, toxicologia, gravidez, etc.

Necropsia Externa

Se inicia com o exame do estado das vestes e os objetos que acompanham o cadáver. O perito faz as descrições de identificações como sexo, cor, peso, altura, idade, sinais como rigidez cadavérica, tatuagens, cicatrizes, deformidades, manchas, particularidades das lesões como fraturas, possibilidade de luta, de defesa ou de hesitação como ferimentos nos antebraços, face, palmas das mãos, putrefação, livores, e achados no cadáver como sinais de violência com marcas ao redor dos orifícios nasais podendo evidenciar tentativa de sufocação, ferimento no anus, através de lacerações, fissuras, esperma na genitália feminina com a presença de sangue, corrimento, esperma, visando esclarecer a *causa mortis*. As manchas de esperma também podem estar na forma líquida ou seca, na pele, nos lençóis, toalhas, vasos sanitários, pias, pisos, etc.

Outros elementos também devem ser pesquisados pelo perito, como pelos encontrados no cadáver ou nas proximidades, podendo ser humanos ou animais. Resíduos sob as unhas, também são objetos de pesquisa, principalmente para caracterizar ação de defesa em caso de homicídio, com a presença de tecidos, células, sangue, material do solo, etc.

EXEMPLOS DE FICHAS DE EXAME CADAVÉRICO

ROGÉRIO SILVA MAIA

Laudo N.:
Periciando:
Data:
Perito(s):

Gráfico N.:

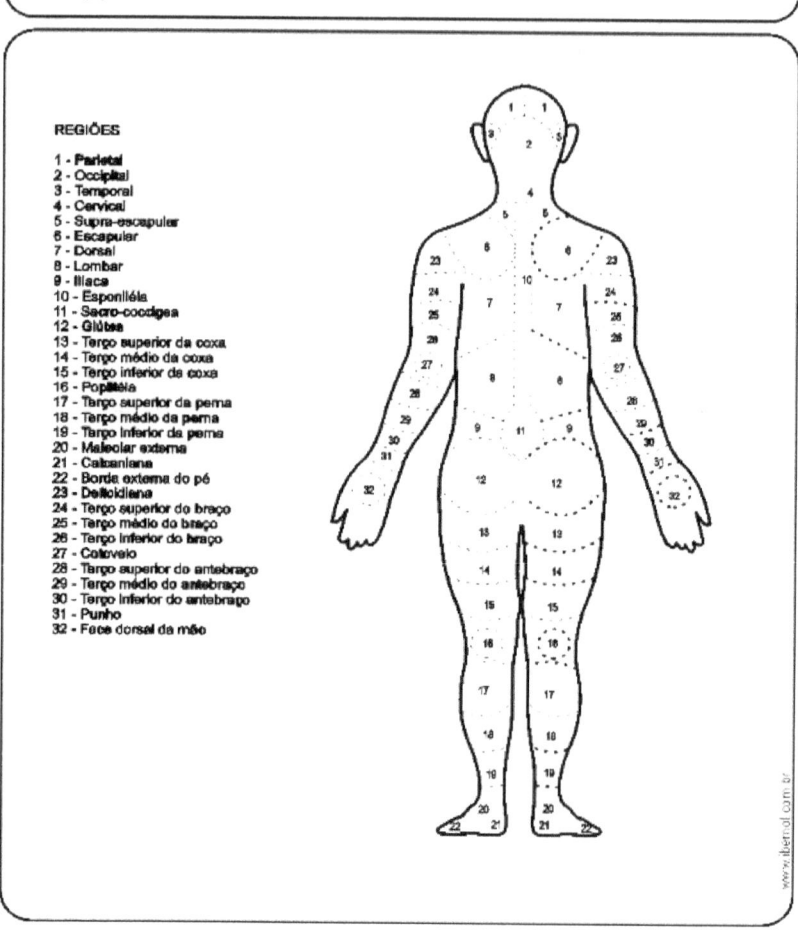

REGIÕES

1 - **Parietal**
2 - Occipital
3 - Temporal
4 - Cervical
5 - Supra-escapular
6 - Escapular
7 - Dorsal
8 - Lombar
9 - Ilíaca
10 - Espondílea
11 - Sacro-coccígea
12 - **Glútea**
13 - Terço superior da coxa
14 - Terço médio da coxa
15 - Terço inferior da coxa
16 - Poplítea
17 - Terço superior da perna
18 - Terço médio da perna
19 - Terço inferior da perna
20 - Maleolar externa
21 - Calcaniana
22 - Borda externa do pé
23 - **Deltoidiana**
24 - Terço superior do braço
25 - Terço médio do braço
26 - Terço inferior do braço
27 - Cotovelo
28 - Terço superior do antebraço
29 - Terço médio do antebraço
30 - Terço inferior do antebraço
31 - Punho
32 - Face dorsal da mão

146

Laudo N.:   Gráfico N.:
Periciando:
Data:
Perito(s):

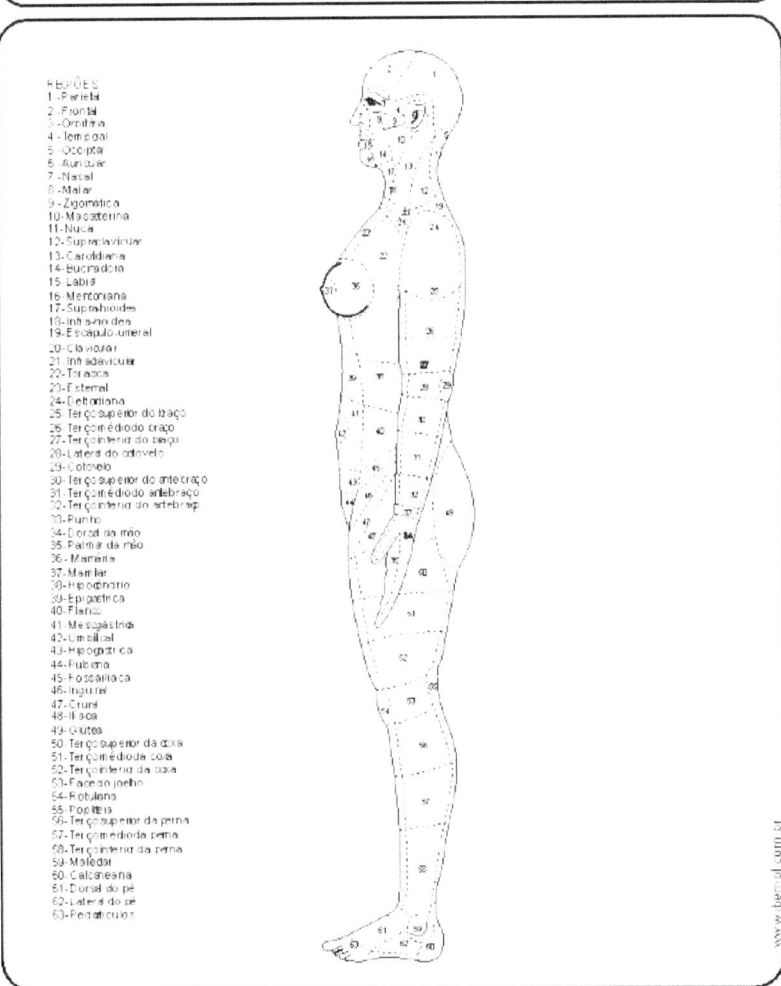

REGIÕES
1 - Parietal
2 - Frontal
3 - Orbitária
4 - Temporal
5 - Occipital
6 - Auricular
7 - Nasal
8 - Malar
9 - Zigomática
10 - Massetérina
11 - Nuca
12 - Supraclavicular
13 - Carotídiana
14 - Bucinadora
15 - Labial
16 - Mentoniana
17 - Suprahioídea
18 - Infra-hioídea
19 - Escápulo-umeral
20 - Clavicular
21 - Infraclavicular
22 - Toráxica
23 - Esternal
24 - Deltoidiana
25 - Terço superior do braço
26 - Terço médio do braço
27 - Terço inferior do braço
28 - Lateral do cotovelo
29 - Cotovelo
30 - Terço superior do antebraço
31 - Terço médio do antebraço
32 - Terço inferior do antebraço
33 - Punho
34 - Dorsal da mão
35 - Palmar da mão
36 - Mamária
37 - Mamilar
38 - Hipocôndrio
39 - Epigástrica
40 - Flanco
41 - Mesogástrica
42 - Umbilical
43 - Hipogástrica
44 - Pubiana
45 - Fossa ilíaca
46 - Inguinal
47 - Crural
48 - Ilíaca
49 - Glútea
50 - Terço superior da coxa
51 - Terço médio da coxa
52 - Terço inferior da coxa
53 - Face do joelho
54 - Rotuliana
55 - Poplítea
56 - Terço superior da perna
57 - Terço médio da perna
58 - Terço inferior da perna
59 - Maleolar
60 - Calcâneana
61 - Dorsal do pé
62 - Lateral do pé
63 - Pododáctilos

ROGÉRIO SILVA MAIA

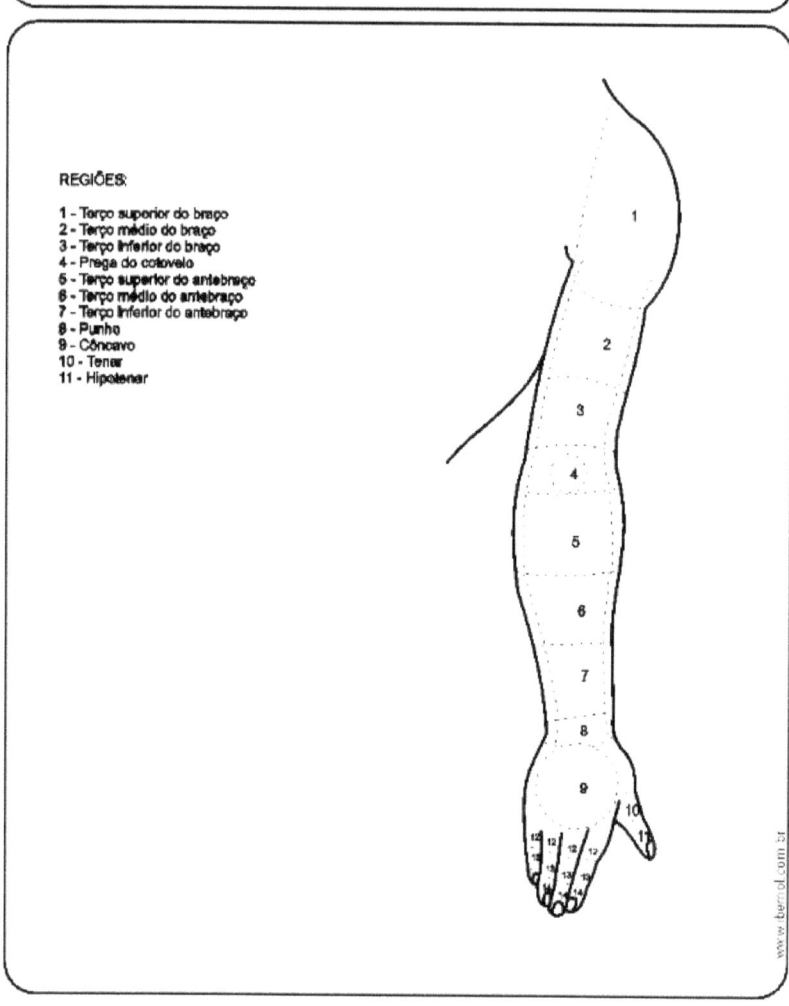

Laudo N.:
Periciando:
Data:
Perito(s):

Gráfico N.:

REGIÕES:

1 - Terço superior do braço
2 - Terço médio do braço
3 - Terço inferior do braço
4 - Prega do cotovelo
5 - Terço superior do antebraço
6 - Terço médio do antebraço
7 - Terço inferior do antebraço
8 - Punho
9 - Côncavo
10 - Tenar
11 - Hipotenar

Laudo N.:

Gráfico N.:

Periciando:

Data:

Perito(s):

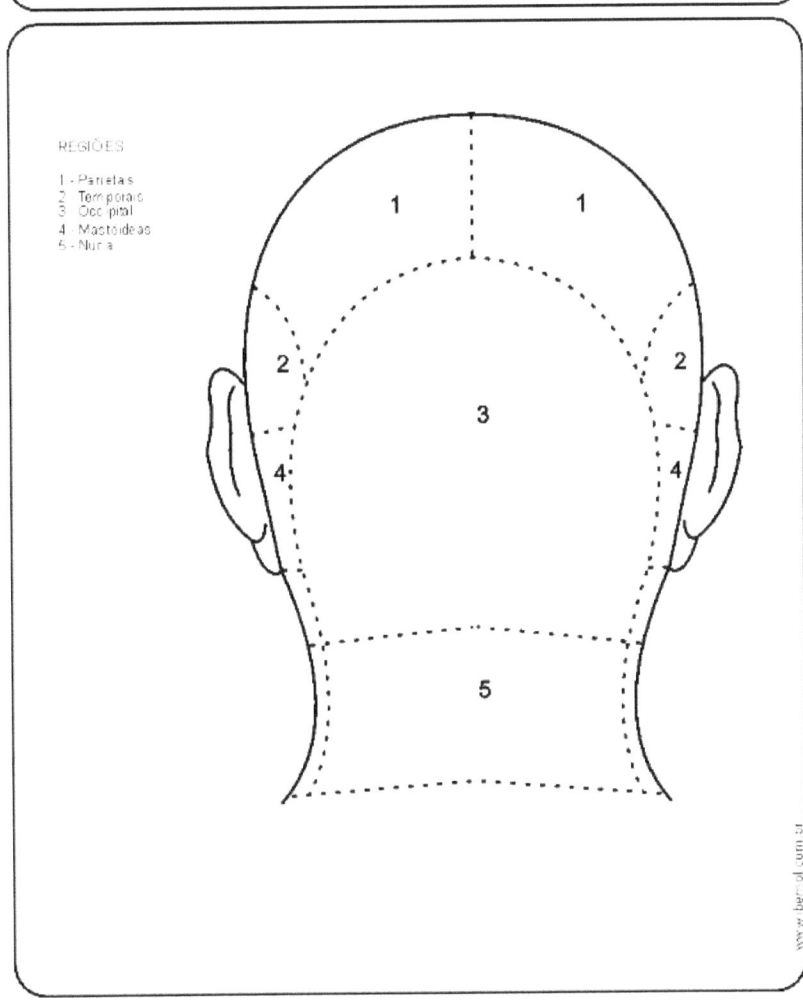

REGIÕES

1 - Parietais
2 - Temporais
3 - Occipital
4 - Mastóideas
5 - Nuca

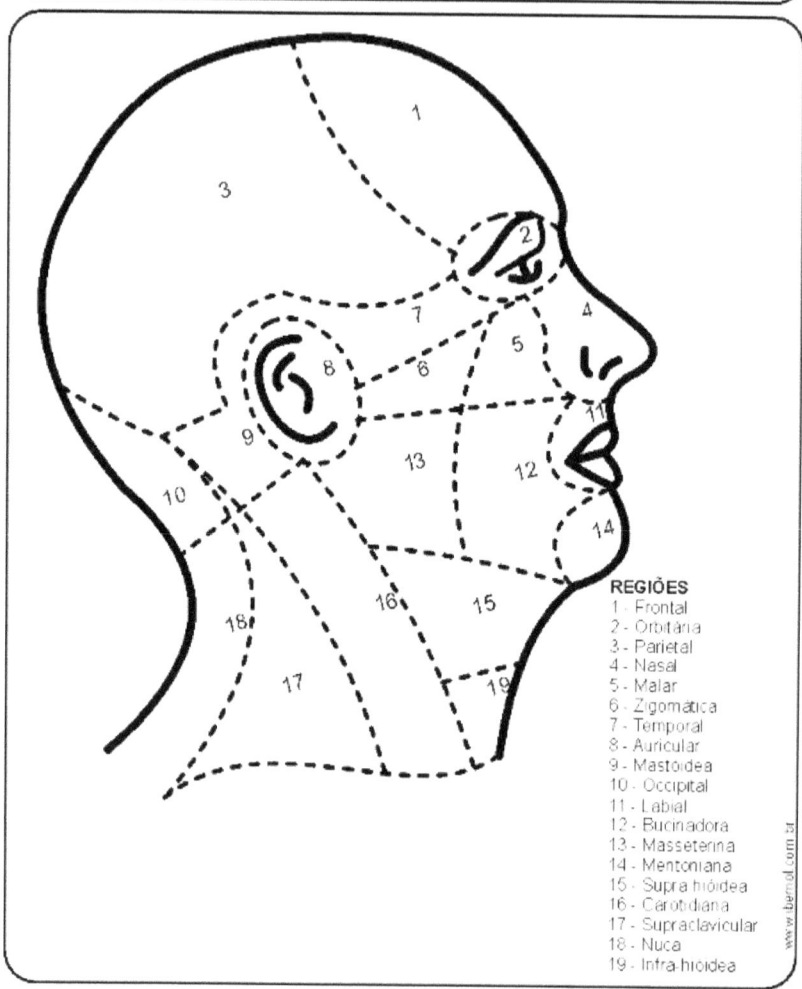

REGIÕES
1 - Frontal
2 - Orbitária
3 - Parietal
4 - Nasal
5 - Malar
6 - Zigomática
7 - Temporal
8 - Auricular
9 - Mastóidea
10 - Occipital
11 - Labial
12 - Bucinadora
13 - Masseterina
14 - Mentoniana
15 - Supra-hióidea
16 - Carotidiana
17 - Supraclavicular
18 - Nuca
19 - Infra-hióidea

Laudo N.:
Periciando:
Data:
Perito(s):

Gráfico N.:

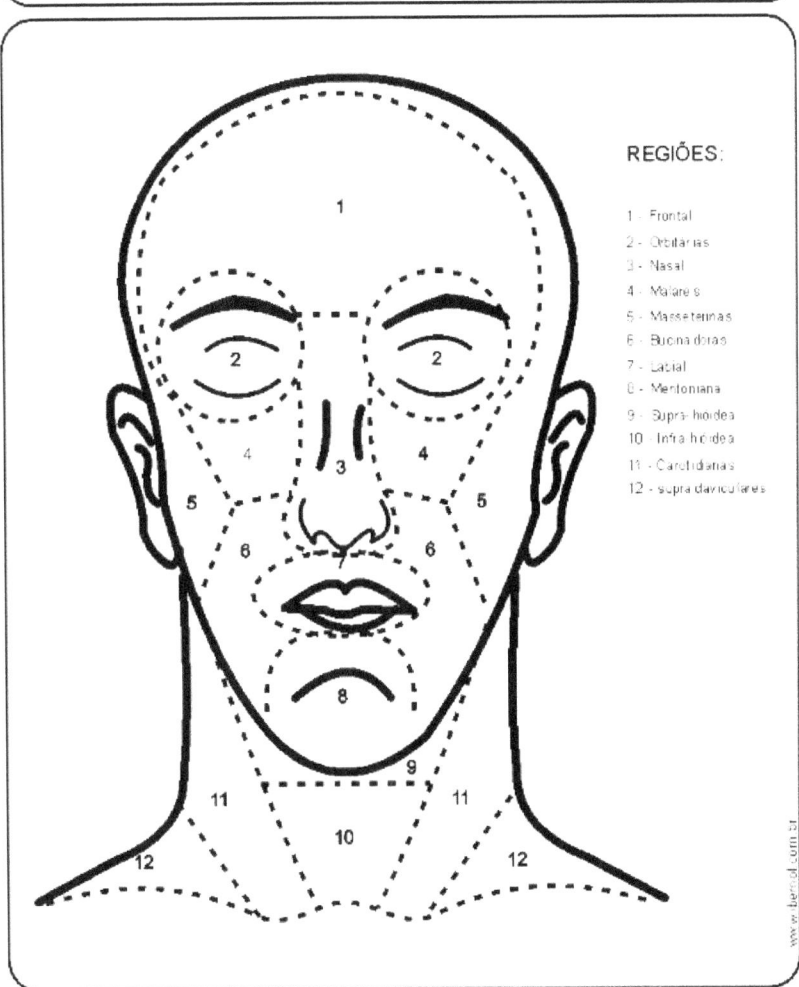

REGIÕES:

1 - Frontal
2 - Orbitárias
3 - Nasal
4 - Malares
5 - Massetérinas
6 - Bucinadoras
7 - Labial
8 - Mentoniana
9 - Supra-hioídea
10 - Infra-hioídea
11 - Carotídianas
12 - supraclaviculares

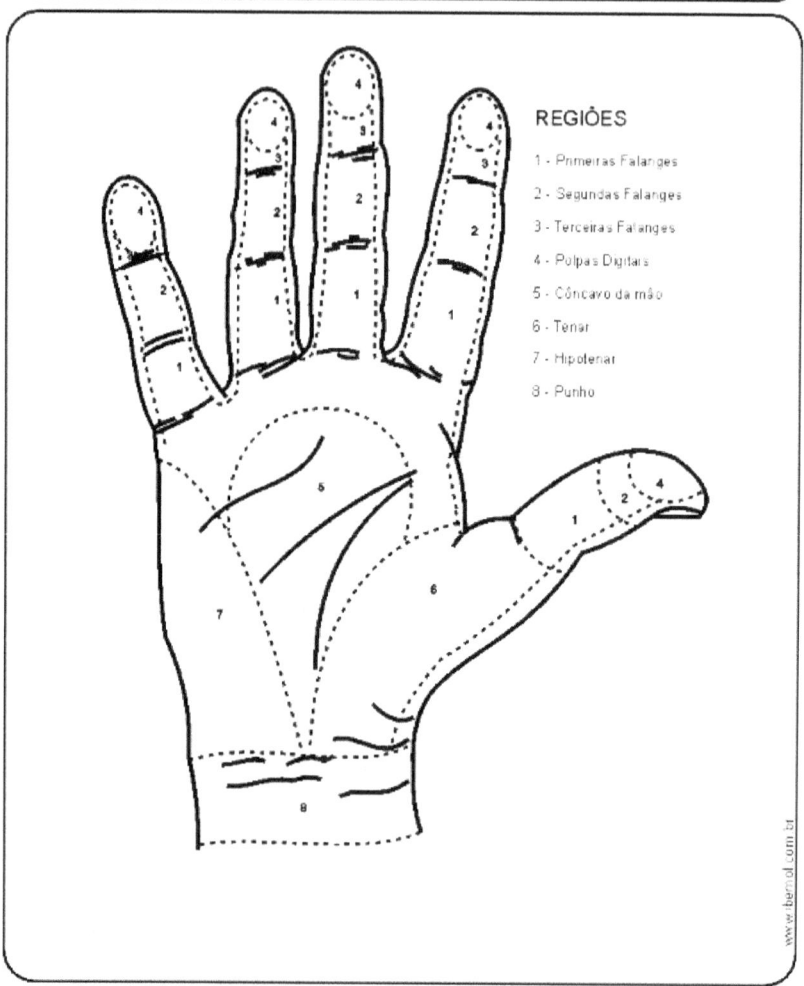

Laudo N.:
Periciando:
Data:
Perito(s):

Gráfico N.:

REGIÕES

1 - Primeiras Falanges

2 - Segundas Falanges

3 - Terceiras Falanges

4 - Polpas Digitais

5 - Côncavo da mão

6 - Tenar

7 - Hipotenar

8 - Punho

Laudo N.:   Gráfico N.:
Periciando:
Data:
Perito(s):

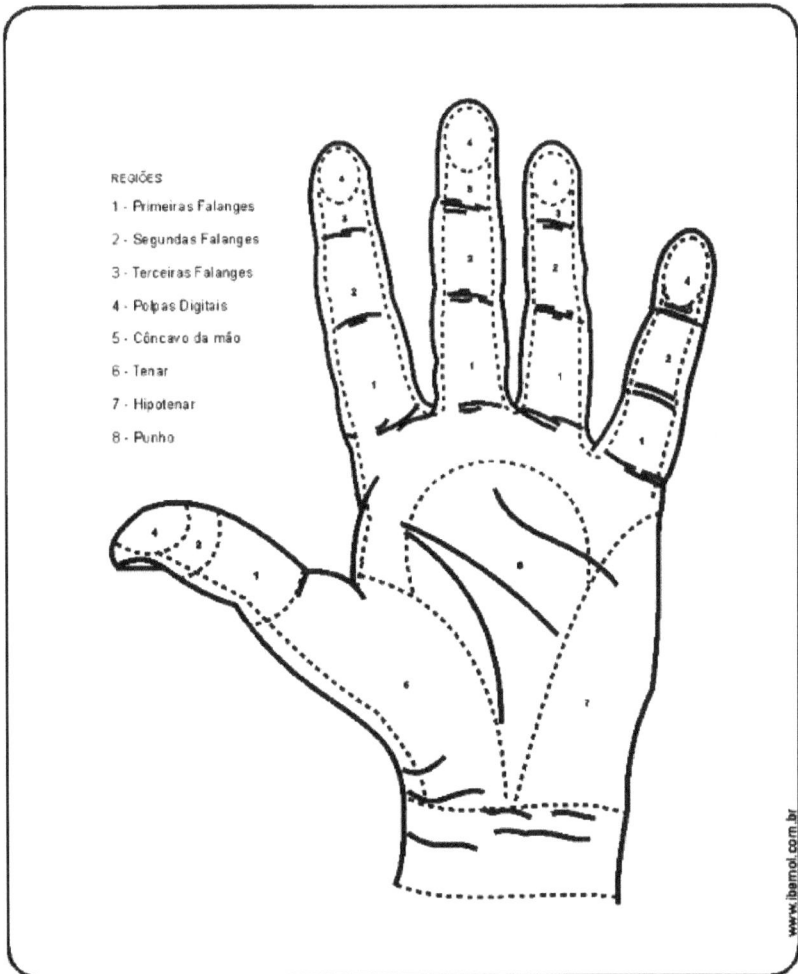

REGIÕES

1 - Primeiras Falanges

2 - Segundas Falanges

3 - Terceiras Falanges

4 - Polpas Digitais

5 - Côncavo da mão

6 - Tenar

7 - Hipotenar

8 - Punho

www.ibamol.com.br

Laudo N.:   Gráfico N.:
Periciando:
Data:
Perito(s):

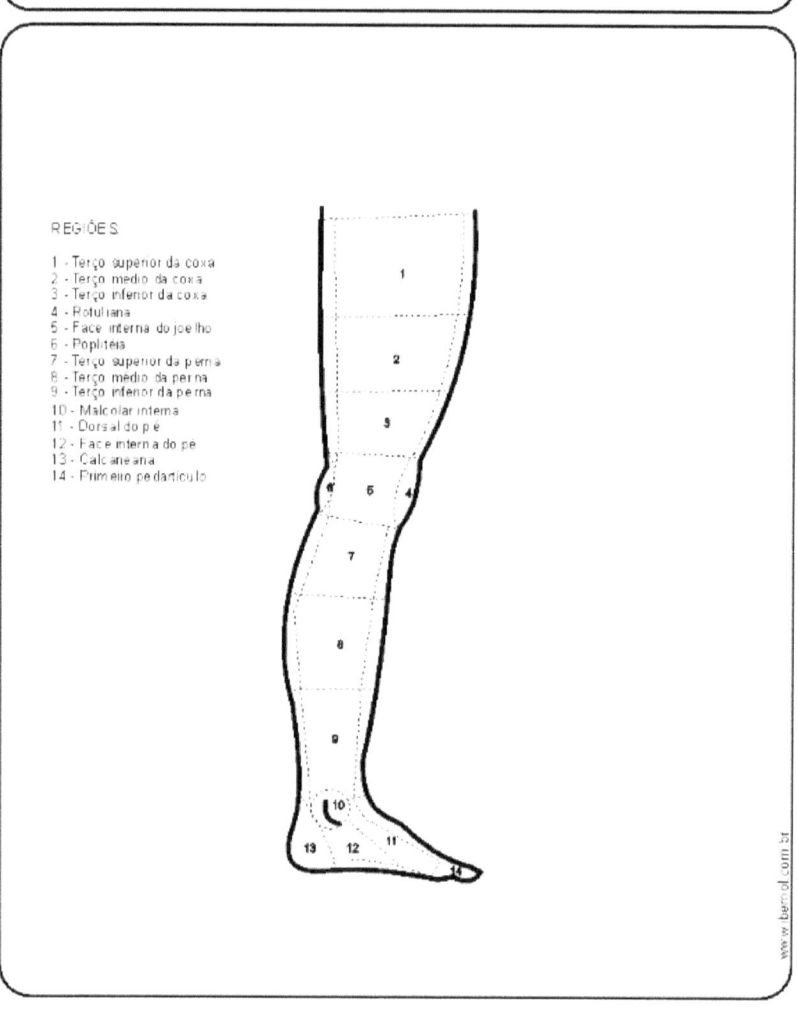

REGIÕES

1 - Terço superior da coxa
2 - Terço médio da coxa
3 - Terço inferior da coxa
4 - Rotuliana
5 - Face interna do joelho
6 - Poplítea
7 - Terço superior da perna
8 - Terço médio da perna
9 - Terço inferior da perna
10 - Maléolar interna
11 - Dorsal do pé
12 - Face interna do pé
13 - Calcânea
14 - Primeiro pedartículo

www.bernol.com.br

Laudo N.:   Gráfico N.:
Periciando:
Data:
Perito(s):

REGIÕES:

1 - Inguinal
2 - Crural
3 - Terço superior da coxa
4 - Terço médio da coxa
5 - Terço inferior da coxa
6 - Joelho
7 - Rotuliana
8 - Terço superior da perna
9 - Terço médio da perna
10 - Terço inferior da perna
11 - Maleolares
12 - Dorsal do pé
13 - Pedartículos

ROGÉRIO SILVA MAIA

Laudo N.:   Gráfico N.:
Perician do:
Data:
Perito(s):

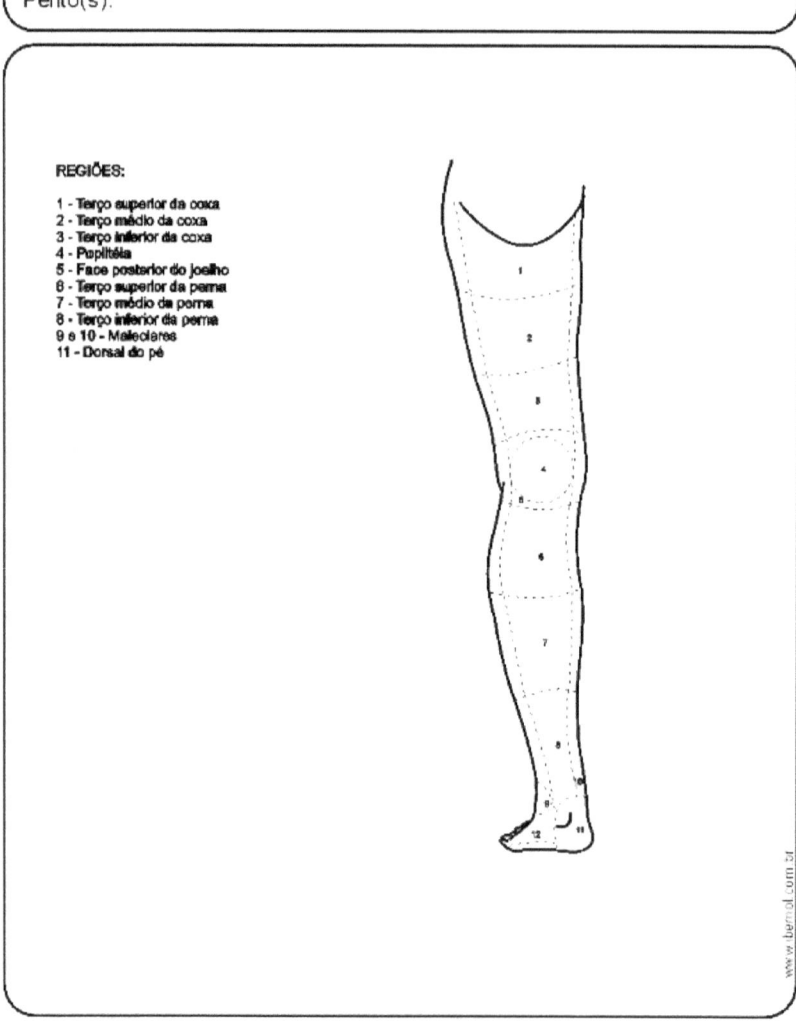

REGIÕES:

1 - Terço superior da coxa
2 - Terço médio da coxa
3 - Terço inferior da coxa
4 - Poplítéia
5 - Face posterior do joelho
6 - Terço superior da perna
7 - Terço médio da perna
8 - Terço inferior da perna
9 e 10 - Maleolares
11 - Dorsal do pé

www.bernal.com.br

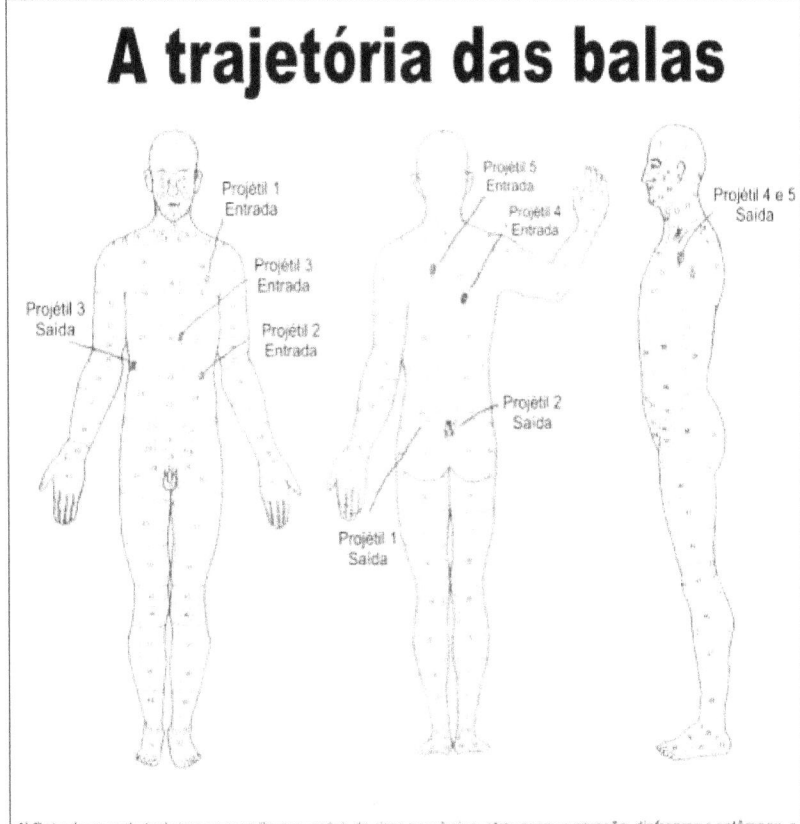

Imagens do site do Profº Malthus Galvão

10. PSICOLOGIA FORENSE

Também conhecida como Psicologia Criminal ou Judiciária, utiliza métodos e recursos científicos específicos sobre comportamento humano, buscando solucionar questões judiciais, sendo de grande ajuda aos profissionais do direito como delegados de polícia, promotores, advogados, defensores e juízes, para alcançar a verdade real. Para tanto, é de suma importância que esses profissionais do direito tenham algum conhecimento sobre o tema, que certamente será fundamental no decorrer das investigações criminais, para detecção de linhas de investigações, ilegalidades, vícios, nulidades, etc.

10.1. Confissão

Dentre os vários elementos de estudo, destacamos inicialmente a confissão que pode ser espontânea ou não. A Confissão Espontânea é uma das atenuantes da pena, conforme o artigo 65, inciso III, "d" do Código Penal. Muitas vezes a Confissão Espontânea ocorre para encobrir o verdadeiro criminoso, seja para proteger um ente familiar, ou por ameaça do próprio criminoso ou ainda por coação em sede policial muito arguida pelos advogados já na fase processual e até mesmo por interesse promocional perante a mídia, por promessa de pagamento, interesse político, ou até mesmo em razão de transtornos psíquicos onde o indivíduo acredita que cometeu o crime.

Assim, a Confissão não é de todo o elemento absoluto para o deslinde de um crime. Tanto é que o artigo 158 do C.P.P. assim dispõe: "Art. 158. Quando a infração deixar vestígios, será indispensável o exame de corpo de delito, direto ou indireto, não podendo supri-lo a confissão do acusado".

Em casos de grande repercussão jornalística, a imprensa divulga partes das investigações, incita à opinião pública a cobrança de uma solução rápida perante as autoridades, o que pode ensejar uma precipitação nas investigações para saciar a opinião pública, quando não propicia àqueles que veem uma oportunidade para obter o chamado "minuto de fama" ou possuam algum transtorno mental, confessando crimes que creiam terem cometido. Por isso a autoridade policial deve ao interrogar o indivíduo, ter muita cautela filtrando aquelas informações que já se tornaram públicas e as demais circunstâncias inerentes ao fato criminoso que apenas o autor deve conhecer, para somente então, dar segmento às investigações até a sua conclusão.

O método mais utilizado para a obtenção da confissão, é a astúcia do interrogante em abordar o interrogado, buscando transmitir-lhe tranquilidade e confiança, até obter sua confissão. Outros métodos menos ortodoxos e astuciosos como colocar um policial disfarçado de preso junto ao interrogado, conversando e tentando obter do suspeito detalhes sobre o crime, ou ainda, deixando claro ao interrogando que outro suspeito já confessou sua participação no crime, são métodos que obviamente irão se traduzir como provas ilícitas, não devendo serem consideradas perante os Tribunais, porém, as revelações obtidas, podem servir de orientação para desvendar um sequestro em andamento, ou a apreensão de drogas ilícitas, armamentos, veículos roubados, etc.

Outro método é o científico, que comumente utilizado em psicanálise consiste na associação de palavras do interrogado, com o objetivo de alcançar a verdade dos fatos. Contudo, a valorização do resultado não pode ser absoluta, dando margem a erros de interpretação. Por esse motivo não é comumente utilizado no campo da psicologia forense.

10.2. Acareação

É o ato de colocar frente a frente pessoas que apresentaram contradições em seus depoimentos. A simples presença das partes no momento da acareação, já pode demonstrar a mudança de comportamento, inquietude, alteração do estado respiratório e de humor, sudorese, tremor, gagueira, palidez na face, todos os indicativos de alteração psíquica, que apesar de não caracterizar a culpa encoberta por mentiras em seu depoimento, demonstra ao menos que uma das partes falta com a verdade. Tais reações podem demonstrar o temperamento violento em razão de estar sendo desmentido, ou por estar sendo vitima de falsa acusação. Cabe ao policial que interroga e investiga observar o conjunto desses elementos, através das perguntas conflitantes que deram origem a acareação. Todas essas nuances ocorridas durante o interrogatório, deverão constar no Termo de Acareação, como p.ex. choro, gritos, interrupção da narrativa do outro acareado, etc. Melhor seria nos tempos atuais, a gravação em vídeo, que fidelizaria mais tais comportamentos.

10.3. Depoimento

No depoimento e no Testemunho, de início há que ser observada a potencialidade dos sentidos do depoente (visão, audição, olfato, paladar e tato). A atenção e a capacidade de expor sobre os fatos investigados completam esse conjunto de elementos necessários para o bom desenvolvimento do depoimento. A autoridade policial deve sempre observar esses aspectos, para que não sejam objetos de apreciação posterior, que possam prejudicar o conjunto probatório.

Somados a esses elementos ainda podem ocorrer distúrbios de memória como amnésia que devem ser estudados à luz da Medicina Legal. A Amnésia pode ser Retrógrada, ou seja, ocorrida anteriormente a um acidente, não permitindo que o depoente recorde sobre os fatos ocorridos antes do acidente. Ao contrário dessa, na Amnésia Anterógrada, o depoente não consegue lembrar sobre o ocorrido após o trauma sofrido. Já a Amnésia Retroanterógrada ou total, o depoente não consegue lembrar-se de nada. Na chamada Hipermnésia, as lembranças de fatos remotos surgem com mais vivacidade e exatidão que o normal, com lembranças de particularidades que comumente não aparecem. Não raro ocorre em estados febris, ou em iminente risco de morte seja por asfixia ou afogamento.

A chamada Criptomnésia ou Ecmnésia, é particularmente de grande interesse o seu diagnóstico médico-legal, pois o depoente nesse estado, pode lembrar-se de fatos e coisas que jamais presenciou ou viu. Consiste basicamente em memória inconsciente e processos psicológicos inconscientes. O psicólogo cognitivo Ronal T. Kellogg define Criptomnésia como "a crença de que um pensamento é novo quando na verdade é uma memória". Para Dorsch, Häcker e Stapf, a Criptomnésia "refere-se a recordações subliminares, isto é, abaixo do limiar da consciência que se devem apresentar veladamente, sobretudo em fenômenos parapsíquicos, como por exemplo em visões mediúnicas."

Também de grande relevância para o nosso estudo é a chamada Paramnésia. Consiste no processo mental segundo o qual a imaginação seria considerada atividade mnésica. Em virtude da Paramnésia surge o fenômeno onde pessoas vistas pela primeira vez surgem aos olhos do depoente como antigos conhecidos. Há também o fenômeno no qual um antigo objeto, que o depoente já viu inúmeras vezes, é considerado por ele como coisa inteiramente nova. A Paramnésia também ocorre na confusão mental, na demência senil, na arteriosclerose cerebral e na histeria.

10.4. Catatimia

É um distúrbio de percepção provocado pela afetividade. Ocorre quando a emoção turva a razão, e o indivíduo passa a acreditar ter visto ou ouvido algo que o leva a cometer crimes passionais, motivados por ciúmes, até mesmo testemunhar ou confessar sobre fatos que não ocorreram. A autoridade policial procedendo ao interrogatório deve sopesar com bastante agudez as respostas, buscando identificar possíveis distorções nos depoimentos e testemunhos, observando se tais distorções são inconscientes ou conscientes caracterizando falso testemunho.

11. IDENTIFICAÇÃO

P ode ser Policial ou Judiciária e Médico Legal.

Identificação Policial ou Judiciária

É realizada através de caracteres anatômicos do indivíduo, assim como pela voz, caligrafia, andar, e todos os demais métodos capazes de estabelecer comparação.

Métodos de Identificação

Pode ser empírica, com a descrição das características (homem, mulher, gordo, magro, alto, baixo, preto, branco etc.), antropométrica, realizado através da medição do tamanho dos ossos do indivíduo, fotográfica, sendo coadjuvante dos demais métodos, por sinais particulares como sinais individuais, tatuagens e mutilações.

Método Datiloscópico

De todos os métodos, o Datiloscópico é o mais prático e usual, pelo fato de ser único e imutável para cada indivíduo, mesmo que sejam gêmeos univitelinos. Está presente no indivíduo desde o nascimento até a fase *post mortem*, mesmo em estado de putrefação. É através do sistema denominado Deca-dactilar de Vucetich, criado pelo Iugoslavo Juan Vucetich em 1891 e implantado no Brasil em 1903. O sistema se baseia nos chamados Deltas nas impressões digitais. Esse sistema analisa no mínimo 12 pontos característicos coincidentes para uma identificação. Com a presença de 17 pontos, já caracteriza uma quase certeza da identificação. Esse sistema classifica nossas digitais através da presença de: ilhota, linha cortada, forquilha, bifurcação e encerro. A precisão desse método é muito grande, e permite até mesmo a observação do leigo através dessas informações, a saber:

Arco – não possui o delta.
Presilha interna- delta à direita do observador.
Presilha Externa- Delta à esquerda do observador.
Verticilo- Possui dois deltas.

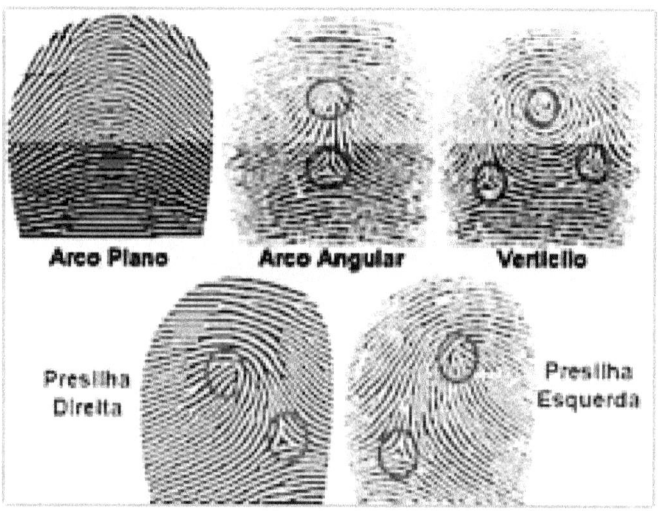

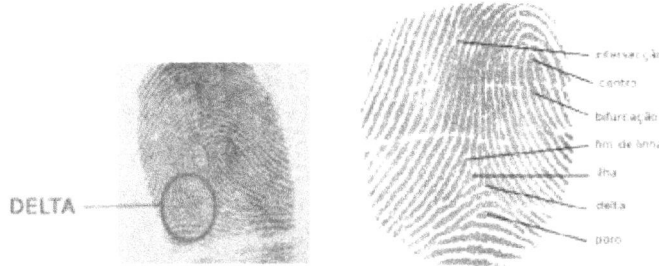

A fórmula datiloscópica pode ser lembrada através da palavra VEIA.

V (verticilo) = 4
E (presilha externa) = 3
I (presilha interna) = 2
A (arco) = 1

Os polegares recebem letras e os demais dedos números. A impressão do dedo polegar direito é chamada de fundamental. Em cicatrizes se marca X e na falta de dedos se marca 0.

Mão direita: polegar, indicador, médio, anular e mínimo.

Mão esquerda: polegar, indicador, médio, anular e mínimo.

Existem impressões digitais que se apresentam visíveis a olho nu, e outras invisíveis ou latentes só podendo ser apreciadas através de reagentes como carbonato de chumbo (Pb), grafite quando encontradas em superfícies metálicas, alumínio em pó e pó de bronze nas impressões localizadas em superfícies brancas e plásticos, como p.ex. automóveis, mobiliário.

Respaldo Legal: Código de Processo Penal:

> Art. 6º - Logo que tiver conhecimento da prática da infração penal, a autoridade policial deverá:
>
> (...)
>
> VIII - ordenar a identificação do indiciado pelo processo datiloscópico, se possível, e fazer juntar aos autos sua folha de antecedentes;

11.1. Identificação necropapiloscópica

É realizada a identificação necropapiloscópica diretamente na mão do cadáver, com a impressão no papel da mesma forma como é realizada na pessoa viva. Em seguida, retira-se a luva para arquivamento e pesquisa posterior, retirando somente a polpa dactilar. Nos casos em que as digitais não estão visíveis devido ao avançado estado de decomposição dos corpos é feita a dissecação dos dedos e reidratação da epiderme em solução de hidróxido de sódio e potássio e álcool. Esta técnica garante 96% de regeneração das papilas dérmicas, e permite a coleta e impressão das digitais em tinta. Essa técnica é aplicada nos corpos parcialmente carbonizados, esqueletizados, e naqueles que não entraram em estado de decomposição. Nos casos em que o corpo seja de um afogado, já em estado de putrefação, o perito retira cuidadosamente a pele da mão calçando-a numa luva em sua mão e procede à identificação necropapiloscópica que aparecerá invertida na superfície do papel.

11.2. Identificação por Digitofotograma

É o processo de retirada de impressões digitais através de filme radiológico e processos químicos, resultando num filme com a foto da impressão digital. Esse método é mais simples, econômico e limpo.

11.3. Identificação por Impressões Plantares

Mais utilizado para a identificação de recém-nascidos, por imposição da Lei nº 8.069 de 13 de julho de 1990, obrigando os hospitais, públicos e privados a registrarem a impressão digital ou plantar dos recém-nascidos e a digital do polegar direito das mães, mantendo esses registros por um prazo não inferior a 18 anos.

11.4. Identificação por Biometria

A biometria é utilizada na identificação criminal, através dos sistemas chamados biométricos podem analisar o seu funcionamento por características de várias partes do corpo humano, como os olhos, palma da mão, impressões digitais, retina ou íris dos olhos.

Já a identificação através do DNA não é considerada, uma tecnologia biométrica de reconhecimento, por não ser um processo automatizado, uma vez que, necessita de algumas horas para criação de uma identificação por DNA).

Tipos de Biometria

Através das Veias da Palma da Mão: É uma tecnologia biométrica, muitíssimo confiável, imutável, que dificulta fraude por ser uma interna, não há contato físico, é higiênico e de médio custo.

Através das impressões digitais: É um método mais rápido, não tão confiável como o das veias da palma da mão, porém de baixo custo, mas não tão higiênico.

Pelo reconhecimento da face: Trata-se de um método não tão confiável, de custo mais elevado, necessitando maior tempo para leitura e pesquisa dos pontos de marcação.

Identificação pela íris: É um método muito confiável e imutável, porém, demandando alto custo.

Reconhecimento através da retina: Assim como pela Íris, é bastante confiável, imutável, de difícil leitura e incômoda, pois exige olhar fixo para um ponto de luz, além de ser de alto custo.

Reconhecimento pela voz: É menos confiável, em razão de interferência de ruídos no ambiente, alteração na voz do identificando, causada por gripes ou estresse, o processo de cadastramento e leitura é demorado, porém possui baixo custo.

Através da Geometria da mão: É menos confiável, pois

depende do identificando posicionar corretamente a mão no encaixe pré-determinado. Hoje é bastante utilizada nos caixas bancários eletrônicos. Apresenta menor custo.

Reconhecimento por assinatura: É menos confiável, pois que sabidamente com o passar do tempo as assinaturas mudam, em razão de alterações como velocidade e pressão na escrita, tremor na mão, problemas de saúde, etc. Seu custo é médio.

11.5. Legislação pertinente à Identidade

Código Penal - Falsa identidade

Art. 307 - Atribuir-se ou atribuir a terceiro falsa identidade para obter vantagem, em proveito próprio ou alheio, ou para causar dano a outrem:

Pena - detenção, de três meses a um ano, ou multa, se o fato não constitui elemento de crime mais grave.

Art. 308 - Usar, como próprio, passaporte, título de eleitor, caderneta de reservista ou qualquer documento de identidade alheia ou ceder a outrem, para que dele se utilize, documento dessa natureza, próprio ou de terceiro:

Pena - detenção, de quatro meses a dois anos, e multa, se o fato não constitui elemento de crime mais grave.

Lei das Contravenções Penais

Art. 68 - Recusar à autoridade, quando por esta, justificadamente solicitados ou exigidos, dados ou indicações concernentes à própria identidade, estado, profissão, domicílio e residência:

Pena – multa, de duzentos mil réis a dois contos de réis.

Parágrafo único. Incorre na pena de prisão simples, de um a seis meses, e multa, de duzentos mil réis a dois contos de réis, se o fato não constitui infração penal mais grave, quem, nas mesmas circunstâncias, faz declarações inverídicas a respeito de sua identidade pessoal, estado, profissão, domicílio e residência.

Código de Processo Penal

Art. 166. Havendo dúvida sobre a identidade do cadáver exumado, proceder-se-á ao reconhecimento pelo Instituto de Identificação e Estatística ou repartição congênere ou pela inquirição de testemunhas, lavrando-se auto de reconhecimento e de identidade, no qual se descreverá o cadáver, com todos os sinais e indicações.

Parágrafo único. Em qualquer caso, serão arrecadados e autenticados todos os objetos encontrados, que possam ser úteis para a identificação do cadáver.

11.6. Identificação Médico Legal

Inicialmente é realizada através da distinção de espécies, seja humana ou animal. Essa distinção se inicia pelos ossos e pelo sangue. A distinção entre ossos de animais e ossos humanos é realizada pelo estudo dos Canais de Havers, que são uma série de tubos estreitos dentro dos ossos por onde passam vasos sanguíneos e células nervosas. São formados por lamelas concêntricas de fibras colágenas. São encontrados na região mais compacta do osso da diáfise óssea (meio de ossos longos). Se apresentam largos e de cerca de 8 por mm^2 no homem; e estreitos e em número de 40 por mm^2 nos animais. A distinção pelo sangue é realizada através de métodos científicos como: Cristais de Teichmann e reação de Addler, ou Técnica de Kastle-Mayer. Caso o resultado seja positivo, o perito realiza o teste da Reação de Uhlenhuth que definirá se é humano, através da aglutinação de albumina, ou Vacher-Sulton.

11.7. Identificação Étnica

Segundo Salvatore Ottolenghi, médico e cientista italiano de notável importância para a Medicina Legal moderna, primeiro estudioso da técnica de investigação científica, fundador da Escola Superior de Polícia Científica em Roma em 1902, discípulo de César Lombroso criador da Criminologia Científica, classificou em cinco o número de tipos étnicos, a saber:

1º. Caucásico: Apresenta pele branca, cabelos crespos ou lisos, louros ou castanhos, íris azul ou castanha. Contornos faciais ovóides ou ovóides poligonais. Perfil facial ortognato (ângulo da face quase totalmente reto) ou ligeiramente prognata (apresenta o maxilar inferior proeminente).

2º. Mongólico: Apresenta pele amarela, cabelos lisos, face achatada de diante para trás, fronte larga e baixa, arcadas superciliares pouco salientes, espaço largo entre os olhos, fenda palpebral pouco ampla em amêndoa, nariz curto e largo, maxilares pequenos e mento saliente.

3º. Negróide: Pele negra, cabelos crespos em tufos, crânio geralmente dolicocéfalo, comum na Europa Ocidental, Nórdica, Mediterrânea, África, Índia e Austrália. Apresenta crânio alongado com diâmetro transversal menor do que o diâmetro anteroposterior (largura do crânio tem 4/5 do comprimento). Perfil facial prógnato (maxilar inferior proeminente), fronte alta, saliente e arqueada. Íris castanha. Nariz pequeno de perfil côncavo e narinas curtas e afastadas. Ossos da maçã do rosto ou malar salientes. Mento (embaixo do lábio, que dá forma ao queixo) pequeno.

4º. Indiano: Pele amarela tendendo para o avermelhado. Estatura alta, cabelos lisos como crina de cavalo e pretos. Íris castanha. Crânio mesocéfalo (com o índice cefálico entre 76 e 80,9, intermediário entre o crânio curto e achatado e o crânio oval), supercílios espessos, ausência de barba e bigode. Orelhas pequenas. Nariz saliente longo e estreito. Fronte vertical. Ossos da maçã do rosto ou malar salientes e largos. Mandíbula desenvolvida.

5º. Australóide: Estatura alta, pele morena, cabelos pretos ondulados e longos. Fronte estreita. Ossos da maça do rosto proeminentes. Nariz curto com narinas afastadas. Maxilares alongados e proeminentes. Dentes fortes, maxilares desenvolvidos. Cintura escapular larga e bacia estreita.

11.8. Identificação Médico Legal através do sexo

No Brasil para a identificação do sexo, deve ser levado em conta o físico. Após o judiciário ter autorizado a mudança de sexo na documentação do indivíduo, o que anteriormente poderia caracterizar uma fraude, hoje com maior cuidado deve ser realizada a identificação através do sexo, para que não reste dúvidas. Na pessoa viva ou com morte recente, para a determinação do sexo não há dificuldade. A dificuldade começa a surgir quando o corpo se apresenta em estado avançado de putrefação, esqueletizado, intersexuais (qualquer variação de caracteres sexuais), e pseudo-hermafroditismo, se feminino (os indivíduos são, geralmente, cromossômica e internamente femininos, mas que exibem graus variados de masculinização da genitália externa), se masculino (possui testículos alojados na região inguinal ou, nos grandes lábios. Sua vagina é pequena e termina em fundo cego. São estéreis e não menstruam).

Já a identificação do sexo através do esqueleto, se dá através da discriminação dos ossos do crânio que no homem a espessura óssea mais acentuada, glabela (espaço compreendido entre as sobrancelhas) mais acentuada, bordas super-orbitários mais rombos, projeções ósseas mais grossas e longas, projeções cônicas mais salientes e rugosas, mandíbula mais grossa ramo ascendente mais largo. Na mulher, a espessura óssea é mais delicada com fronte mais verticalizada, glabela discreta, bordas super-orbitários cortantes, curtas e finas, mastoides (projeções cônicas) mais discretas, mandíbula mais delgada, ramo ascendente mais estreito. No tórax e pelve que no homem predominam as dimensões verticais, ossatura mais espessa e sólida, ângulo sacro vertebral mais saliente, estreito superior da bacia em forma de copa. Na mulher, predominam as dimensões horizontais, ângulo sacro vertebral mais fechado, ossatura mais delgada, estreito superior da bacia de forma elíptica, arcada pubiana mais aberta, dimensões horizontais predominantes, ângulo sacro vertebral mais fechado, e ossatura mais delgada.

A identificação através do sexo é assim realizada:

1. Através da avaliação dos cromossomos (sexo cromossomial). Se masculino: com cromossomo XY, se sexo feminino: com cromossomo XX;

2. Pelo sexo gonadal: os seres humanos que possuem ovário são do sexo feminino; os que possuem testículos são do sexo masculino;

3. Por injeção de corante nas células, aderindo ao corpúsculo cromatino (sexo cromatímico), surgindo a cromatina caracteriza o sexo feminino, já na sua ausência caracteriza o sexo masculino;

4. Através do exame da genitália interna. A presença de útero e ovário, caracteriza o sexo feminino. A presença de próstata evidencia ser do sexo masculino;

5. Através do exame da genitália externa. A presença de vagina e clitóris, caracteriza o sexo feminino. A presença de pênis e escroto evidencia ser do sexo masculino;

6. Pelo sexo jurídico, é realizado através da constatação dos documentos do indivíduo, o que significa dizer que em algum momento anterior foi constatado o sexo daquele indivíduo;

7. O chamado sexo de identificação é o psíquico, comportamental. Caracteriza a sexualidade do indivíduo. Geralmente coincide com o sexo físico;

8. O sexo pericial é aquele de avaliação, realizado através do conjunto de avaliações.

Obs: No cadáver mutilado ou em adiantado estado de putrefação, o protocolo médico legal é abrir a cavidade abdominal, buscando constatar a presença de útero e ovários ou próstata.

11.9. Identificação Médico Legal por idade

Para avaliação da idade do cadáver, o primeiro item a ser observado é a aparência que se tratando de recém-nato, jovens, pessoas maduras e idosas, não representa grande dificuldade, porém, estas surgem nas idades intermediárias. A identificação médico legal é de destacada importância nos casos de ausência de registro civil, registro existente com vestígios de falsidade, existência de duplicidade de registros, identificação de pessoas desconhecidas, cadáveres irreconhecíveis e esqueletizados.

As Faixas Etárias são assim classificadas:

1 - Vida intra-uterina: até 3 meses: embrião
2 - De três meses até o parto: feto
3 - Recém-nascido
4 - Primeira infância: até os 7 anos
5 – Segunda infância: 8 aos 14 anos
6 - Adolescência: 14 aos 18 anos
7 - Jovem: 19 aos 30 anos
8 - Adultos: 30 aos 70 anos
9 - Velhice: após os 70 anos

A Idade fetal é mensurada através de pontos de ossificação, a saber:

1º mês: Cóccix e clavícula;
2º mês: Coluna vertebral, pontos das costelas;
3ºmês: Atlas, omoplata, ossos do crânio, maxilares, mandíbula, ossos longos dos membros superiores e membros inferiores;
4º mês: Rochedo, ossículos do ouvido, ossos ilíacos;
5º mês: Sacro, manúbrio esternal, calcâneo;
6º mês: 7ª vértebra cervical, tálus;
7º mês: corpo do esterno8º mês: Vértebras sacrais;
9º mês: Epífise superior da tíbia e inferior do fêmur.

Elementos determinantes da idade no vivo e no cadáver

Surgimento de rugas na pele; Aparecimento de pelos pubianos nas meninas dos 11 aos 13 anos e nos meninos dos 13 aos 15 anos; Surgimento de pelos axilares cerca de dois anos depois; Arco senil no globo ocular; também os dentes são de grande auxilio na determinação da idade. Existem tabelas para análise das primeiras e segunda dentições. Existem tabelas para análise de cada um dos dentes através do estudo de suas estruturas (germe dentário, esmalte, dentina), ficando a cargo do Perito Odontolegista. A radiografia dos ossos é de grande importância na determinação da idade. Utilizam-se radiografias do punho, cotovelo, joelho, tornozelo, bacia e crânio. Os ossos do antebraço são o rádio e o úmero. Ossos do punho: escalóide, semilunar, piramidal, psiforme, na primeira fileira. Na segunda fileira: trapézio, trapezóide, grande osso e ganchoso ou unciforme. Os ossos da mão são cinco e chamam-se metacarpianos. Também os dedos: indicador, polegar, médio, anular e mínimo. O polegar tem dois ossos, duas falanges, que recebem o nome de proximidal e distal. Os quatro outros dedos possuem três falanges: proximidal, medial e distal. Existem mais de 20 pontos de observação através dos ossos para identificar a idade das pessoas. É por isso que é adotada essa parte do corpo humano para proceder à identificação, em razão da quantidade de detalhes e variedade de pontos de observação. A Estatura é mensurada através de uma régua especial com duas hastes, no cadáver, o perito obtém a estatura medindo-o deitado, com uma haste na parte superior do crânio e outra nos calcanhares. Apenas os ossos longos tem valor, e o fêmur é o principal, para avaliação da estatura, é utilizada a Tabela Osteométrica de Broca, de Etienne-Rollet, de Lacassagne-Martin, Trotter e Glesser e de Mendonça. As alturas obtidas são muito aproximadas.

12.
RECONHECIMENTO CADAVÉRICO

E m geral o reconhecimento cadavérico é realizado por parentes do morto, num momento de extrema dor, angústia, sofrimento e não aceitação da morte. As lesões apresentadas no cadáver, deformações, estado de putrefação, são elementos que prejudicam o reconhecimento. Em razão dessas circunstâncias, não raro ocorrem erros sobre a identificação perante os Institutos Médico-Legais e em consequência, troca de cadáveres e equívocos nos sepultamentos. Ao constatar o erro após o sepultamento, deverá ser exumado o cadáver e devolvido ao I.M.L. que o manterá por algum tempo em conservação, e na hipótese de não lograr êxito na identificação, será sepultado pelo Poder Público, como desconhecido.

www.ingramcontent.com/pod-product-compliance
Lightning Source LLC
Chambersburg PA
CBHW070335220526
45467CB00001B/133